Fabian Brand

Siehe, dein Licht wird kommen

Fabian Brand

Siehe, dein Licht wird kommen

Impulse und Predigten für die Advents- und Weihnachtszeit

HERDER

FREIBURG · BASEL · WIEN

MIX
Papier aus verantwortungsvollen Quellen
FSC® C083411

www.herder.de
Umschlaggestaltung: Verlag Herder GmbH, Freiburg im Breisgau
Lektorat: Dr. Esther Schulz
Satz: Barbara Herrmann, Freiburg im Breisgau
Herstellung: CPI books GmbH, Leck
Printed in Germany
ISBN 978-3-451-37888-1

Inhalt

Vorwort ... 9

I. Lesetexte

Einführung: Weihnachten – eine einzige Zumutung! ... 13
1. Zumutung Gottes ... 22
2. Zumutung des Außen ... 31
3. Zumutung des ohnmächtigen Menschen ... 46
4. Zumutung der neuen Welt ... 59
5. Zumutung der Liebe ... 73
6. Sich Zumutungen stellen – Weihnachten und unser Leben ... 88

II. Besinnungstag im Advent: Adventliche Gestalten

Einführung: Was gehört zum Advent? ... 103
1. Johannes der Täufer ... 105
2. Maria ... 111
3. Jesaja ... 118
4. Moderne Adventsgestalten ... 126
5. Ausblick ... 131

III. Predigten für die Advents- und Weihnachtszeit

Im Advent:
1. Erwartung: Erster Adventssonntag (Jes 2,1–5; Mt 24,29–44) 137
2. Entscheidung: Zweiter Adventssonntag (Mt 3,1–12; Mk 1,1–8; Lk 3,1–6) 140
3. Hoffnung: Dritter Adventssonntag (Mt 11,2–11) 143
4. Bereitung: Vierter Adventssonntag (Lk 1,26–38) 146

Zum Weihnachtsfest:
5. Rettung: Weihnachten (In der Heiligen Nacht) (Jes 9,1–6; Lk 2,1–14) 149
6. Frieden: Weihnachten (In der Heiligen Nacht) (Jes 9,1–6; Lk 2,1–14) 152
7. Erbarmen: Weihnachten (Am Morgen) (Tit 3,4–7; Lk 2,15–20) 155
8. Mitteilung: Weihnachten (Am Tag) (Hebr 1,1–6) . . . 159

In der Weihnachtszeit:
9. Verbindung: Sonntag der Weihnachtsoktav – Fest der Heiligen Familie (Mt 2,13–15.19–23) 162
10. Namensgebung: Neujahr – Hochfest der Gottesmutter Maria (Lk 2,16–21) 165
11. Verwurzelung: Zweiter Sonntag nach Weihnachten (Eph 1,3–6.15–18; Joh 1,1–18) 168
12. Verheißung, Erscheinung, Huldigung: Erscheinung des Herrn (Jes 60,1–6; Mt 2,1–12) 171

Quellen 174

Weihnachtslied

Eine Streu von Stroh
Eine Wand von Wind
Eine Woge als Wiege
Ein Kind

Ein Schwamm voller Essig
Eine Kammer voll Gas
Eine Waage am Wege
Eine Grube im Gras

Eine Gasse voll Dirnen
Eine Gosse voll Wut
Eine Stirne voller Dornen
Eine Mutter voll Blut

Eine Streu von Stroh
Eine Wand von Wind
Eine Woge als Wiege
Ein Kind

Erich Fried, 1947

Vorwort

»The same procedure as last year?«, fragt der mehr und mehr angetrunkene Butler James im Silvesterklassiker »Dinner for one« und erhält von Miss Sophie doch wieder nur die Antwort: »The same procedure as every year.«

Die gleiche Prozedur wie alle Jahre: So kommt es einem auch vor, wenn man beobachtet, wie wir die Adventszeit begehen und Weihnachten feiern. Jedes Jahr dasselbe. Immer das gleiche Prozedere. Nichts Neues unter der Sonne. Dann aber vielleicht auch schon langsam aufkeimend die Frage: Warum überhaupt noch? Warum noch Jahr um Jahr so viele Vorbereitungen, so viel Hetzerei, so viel künstliche Wohlfühlstimmung? Wofür eigentlich?

Dieses Buch ist geschrieben worden, weil es doch nicht alles sein kann, dass wir jährlich wieder das gleiche Programm abspulen und am Ende froh sind, wenn alles vorbei ist. Weihnachten ist doch mehr. Dass Gott Mensch geworden ist, muss doch unser eigenes Menschsein nachhaltig verändert haben. Unsere Welt muss doch nach dem Ereignis von Betlehem eine andere geworden sein.

Ich lade Sie auf eine Entdeckungsreise ein, sich dem Geheimnis von Weihnachten auf anderen Pfaden zu nähern! Manches lieb Gewonnene muss man vielleicht zurücklassen. Und mancher Zumutung muss man sich stellen. Am Ende wird man unter Umständen feststellen, dass Weihnachten nicht jährlich das

Gleiche ist und es auch gar nicht sein kann. Weil unsere Welt und unsere Menschlichkeit auch nie dieselben sind und sich verändern. Und weil Weihnachten dadurch für jeden eine andere Bedeutung gewinnt, die nicht einfach mit dem Wiederholen einer alljährlich gleichen Prozedur erledigt ist. Sie kann man nur entdecken, wenn man sich dem Geheimnis von Weihnachten mit offenen Augen nähert und sich den Zumutungen stellt, die es zu bieten hat.

Die Texte regen nicht nur zur nachdenklichen Lektüre an, sondern können auch für Besinnungstage oder zur Predigtvorbereitung verwendet werden.

Lichtenfels, 14. Februar 2017

Fabian Brand

I.
Lesetexte

Einführung: Weihnachten – eine einzige Zumutung!

In der Adventszeit äußerte einer meiner Freunde, er könne mit dem Advent, wie er in unserer Gesellschaft begangen wird, nichts mehr anfangen. Er habe genug von besinnlichen Stunden, in denen man Lieder vom »lieben Advent« singt, und von einem romantisch-kitschigen Überdecken der eigentlichen Weihnachtsbotschaft. Die ernsten Adventslieder, die in einer Zeit der Bedrängnis und Verfolgung entstanden sind, sagte er, wären ihm die liebsten. So würden Friedrich Spees »O Heiland, reiß die Himmel auf« (GL 231) oder Jochen Kleppers »Die Nacht ist vorgedrungen« (GL 220) wenigstens noch in der Realität ansetzen und auf eine Hoffnung verweisen, die über das Elend dieser Welt hinausgeht. Das meiste aber, was wir in der Advents- und Weihnachtszeit tun, gehe am menschlichen Leben vorbei.

Zugegeben: Ich bin angesichts dieser Worte innerlich erst einmal in eine defensive Haltung gegangen. Immerhin empfand ich die Advents- und Weihnachtszeit bisher immer als die schönste Zeit im Jahr. Schon Wochen vor dem ersten Adventssonntag freue ich mich darauf, am Abend durch die hell erleuchteten Straßen der Stadt zu gehen oder, wenn es dunkel wird, vor dem Adventskranz zu sitzen und die alten Verheißungen der Propheten zu lesen. Das alles ist stimmungsvoll. Und vielleicht ist es auch so schön, weil Weihnachten ein Fest ist, an dem die ganze Familie zusammenkommt, an dem man froh und fröhlich ist und die alltäglichen Sorgen, die einem das Leben schwer machen, wenigstens für ein paar Tage vergessen kann. Weihnachten war zumindest für mich immer das schönste und ergreifendste Fest im Jahreskreis.

Dennoch hat mich mein Freund ins Nachdenken gebracht. Und tatsächlich bin ich schon bald auf eine bestehende Problemlage gestoßen: Denn was verändert die Feier von Weihnachten eigentlich? Was ist denn nach Weihnachten wirklich anders, als es vorher war? Konkret: Meine Sehnsucht nach Liebe, nach Geborgenheit, nach unbedingter Annahme bleibt doch – obwohl wir an Weihnachten das Fest der Liebe feiern. In der Welt gibt es doch nach wie vor so viele blutige Konflikte und Kriege – obwohl wir an Weihnachten die Geburt des Friedensfürstes (vgl. Jes 9,5) feiern. Was also ändert die Feier des Weihnachtsfestes? Geht nicht nach Weihnachten alles genauso weiter, wie es vorher aufgehört hat? Ist also Weihnachten im Grunde genommen nicht nur ein leeres Fest, das für unsere menschliche Existenz mit ihren Sorgen und Problemen nichts austrägt? – Diese Fragen sind in mir aufgebrochen und haben meine Sicht auf Weihnachten radikal umgeworfen. Plötzlich ist Weihnachten nicht mehr das schöne, besinnliche Fest, das man im Familienkreis feiert, sondern ein Fest, dessen Sinn mehr und mehr fraglich geworden ist. Denn wozu noch Weihnachten, wenn es mit unserem Leben nichts zu tun hat und nur für wenige Tage ein schönes Gefühl hervorruft? Wozu sollen wir noch die Geburt Jesu großartig begehen, wenn im Anschluss alles seinen gewohnten Gang geht und die großen Worte, die man an Weihnachten zu hören bekommt, leer bleiben?

Diese Fragen haben sich nicht nur mir aufgedrängt. So viele Menschen sagen frei und offen, sie könnten nicht mehr Weihnachten feiern. Sie haben genug von Lichterketten und Glühweinduft, sie brauchen keine Plätzchen und Christstollen. Sie würden viel lieber ein Fest feiern, das wirklich in unserem menschlichen Leben ansetzt, das unsere Realität wirklich ernst nimmt. Und das streng genommen auch etwas in unserem Leben verändert. Denn so oft sprechen wir vom »Fest der Liebe« oder vom »Fest des Friedens« und erfahren in unserer Welt das genaue Gegenteil. Nicht zuletzt der schreckliche Terroranschlag auf den Berliner Weihnachtsmarkt am 19. Dezember 2016 mit zwölf toten Menschen hat uns so kurz vor dem großen Fest wieder auf den Boden der Tatsachen zurückgeholt. Sind die Worte, die der Engel zu den Hirten auf den Feldern vor Betlehem spricht, an dieser Stelle nicht völlig unangebracht? »Fürchtet euch nicht, denn ich verkünde euch eine große Freude, die dem ganzen Volk zuteilwerden soll« (Lk 2,10): Freude im Angesicht des Terrors? Viel zu schnell holt doch die grausame Realität die frommen Worte ein und entlarvt sie als leere Worthülsen. Ist hinsichtlich dieser dramatischen Ereignisse die Feier von Weihnachten wirklich noch sinnvoll? Und wenn ja, wie können wir in den Zeiten von Terror und Angst vor neuen Anschlägen noch das Fest des Friedens feiern?

Was ich eben angedeutet habe, legt meines Erachtens die Problematik von Weihnachten offen: Wir feiern auf der einen Seite ein romantisches Fest, das möglichst stimmungsvoll und kitschig sein muss, und haben auf der anderen Seite die Realität der menschlichen Existenz, die weitab von Stimmung und Kitsch ist. Es entsteht eine Kluft zwischen unserer Feierkultur und dem wahren Leben. Beides passt nicht mehr zusammen. Weihnachten wird immer weltfremder stilisiert, immer perfekter. Und das reale Leben wird immer neuen Herausforderungen ausgesetzt, auf die Weihnachten keine Antwort mehr liefern kann. Weihnachten, so wie wir es feiern, und unser Leben in dieser Welt driften zunehmend auseinander. In dieser entstehenden Lücke werden Fragen aufgeworfen, wie auch ich sie mir gestellt habe. Denn wie können Texte wie »In dulci jubilo, nun singet und seid froh« (GL 253, 1. Strophe) über meine Lippen kommen, wenn mir das Leid so vieler Menschen vor Augen steht und mir die Sprache verschlägt? Wie kann ich das zart lächelnde Jesuskindlein in der Krippe betrachten, wenn ich zugleich an die Kinder denken muss, die ihre Geburt gar nicht erleben, weil sie im Mutterleib getötet werden?

Ich bin der Meinung, dass die Feiergestalt von Weihnachten, so wie sie in unserer Gesellschaft praktiziert wird, ein Produkt ist, das zur Verschleierung der Tatsachen angewendet wird. Denn eigentlich ist doch Weihnachten ganz anders, als wir es heutzutage feiern. Eigentlich hat doch Weihnachten, so wie es uns die biblischen Texte überliefern, so überhaupt nichts mit Romantik und Kitsch zu tun. Eigentlich ist Weihnachten doch brutal nahe an der Realität und damit die reinste Zumutung. So glaube ich, dass die wahre Botschaft von Weihnachten im Laufe der Zeit immer schöner und lieblicher ausgestaltet worden ist, weil die Wirklichkeit eben nicht kuschelweich und schön anzusehen ist. Das aber ist es, was sich die Menschen seit einigen Jahren (und Jahrhunderten) wünschen: ein Fest, an dem man die harte Wirklichkeit einmal vergessen kann und das ein Stück Romantik in den oft so erbarmungslosen Alltag bringt. Denn wer sehnt sich nicht danach, am Heiligen Abend im Kreis der Familie um den Christbaum zu sitzen oder sich am ersten Weihnachtstag den Festtagsbraten in aller Ruhe schmecken zu lassen? Die Ansprüche der Gesellschaft lassen sich in wenigen Adjektiven zusammenfassen: Romantisch muss es sein, stimmungsvoll, besinnlich, sanft, fröhlich, heiter, sentimental, festlich. Weitab eben vom Alltag mit seinen Problemen, Sorgen und Nöten.

Der von Bing Crosby besungene Traum von der weißen Weihnacht gliedert sich in diese Wunschvorstellung ebenso ein wie die bunte Beleuchtung, die an den Häusern angebracht wird und die Straßen in ein warmes Licht taucht oder die Fantasiefigur des Weihnachtsmannes, der mit seinem Rentierschlitten in der Heiligen Nacht die Kinder beschert.

Lüftet man aber den Schleier, der in den Jahren über Weihnachten geworfen wurde, finden wir ein Ereignis, das zutiefst greifbar und eigentlich so unglaublich eng mit unserem Leben verknüpft ist. Doch was uns an Weihnachten präsentiert wird, ist eine Zumutung. Es passt sich nicht ein in das schöne und romantische Schema. Es thematisiert die verletzliche und oftmals verschwiegene Seite des Menschen. Weihnachten stellt uns Dinge vor Augen, über die wir nicht sprechen können, weil uns die Konfrontation mit ihnen sprachlos macht. Weil sich Menschen mit diesen Zumutungen von Weihnachten immer mehr überfordert sahen und sich ihnen nicht mehr aussetzen wollten, haben sie Weihnachten mit neuen Ideen zugedeckt. Sie wollten dem Kind in der Krippe mit seinem schmerzverzogenen Gesicht nicht mehr in die Augen schauen und haben deswegen gesungen: »Gottes Sohn, o wie lacht Lieb aus deinem göttlichen Mund« (GL 249, 3. Strophe). Sie wollten die Schmerzen und die Gefahr der Geburt verschweigen und haben liebevoll dreinblickende Krippenfiguren geschaffen, die sich einträchtig an der Krippe versammeln und das Kind anbeten. Sie haben die Unmenschlichkeit von Weihnachten, draußen auf den Hirtenfeldern, nicht mehr ertragen und ließen Gott mitten auf dem Weihnachtsmarkt, zwischen Glühweinbuden und Vorfreude auf das Fest, Mensch werden. Ich bin der Überzeugung, dass unsere weihnachtliche Feier, wie sie sich in unserer Gesellschaft etabliert hat, das Ergebnis eines Prozesses ist, in dem Menschen mit den weihnachtlichen Zumutungen überfordert waren und den groben Klotz mit seinen Ecken und Kanten bis zur Unkenntlichkeit zurechtgeschliffen haben. Nun steht – um im Bild zu bleiben – ein künstlerisch bearbeitetes Weihnachten inmitten unzähliger grober Klötze, die nach wie vor ihre Ecken und Kanten an sich tragen.

Im vorliegenden Büchlein möchte ich eine Rekonstruktion des eigentlichen Weihnachtsfestes wagen. Dabei interpretiere ich Weihnachten als Fest, das unterschiedliche Zumutungen an die Menschen stellt. Zumutungen, die mitunter nicht lieb anzusehen sind und vor denen es einem die Sprache verschlägt. Zumutungen, die die eigene Person anfragen und das eigene Handeln herausfordern. Zumutungen, die unbequem und ungewohnt sind, die scheinbar überhaupt nicht zu unserem Weihnachtsfest passen wollen.

Die folgenden Betrachtungen sind nicht als gemütliche Lektüre geeignet, die man im Rahmen einer besinnlichen Vorweihnachtszeit liest. Sie entführen an Orte, die lieber gemieden werden oder denen man sich nur ungern aussetzt. Manchmal sind die Betrachtungen auch zutiefst »un-weihnachtlich«, weil sie sich von der gewohnten Feier der Weihnacht lossagen und man kitschige Dekorationsmittel, mit denen die Wirklichkeit verschleiert wird, vergeblich sucht. Dadurch aber sind die in diesem Büchlein zusammengefassten Gedankengänge eigentlich das Weihnachtlichste, was es in unserer Welt gibt. Sie nehmen Weihnachten ernst und versuchen, auf alles Störende und Ablenkende zu verzichten. Im Grunde unternehmen wir eine Tiefenbohrung hin zum Kern der eigentlichen Weihnachtsbotschaft, die auch der Kern der folgenden Kapitel ist. Dass es dabei manchmal ungemütlich zugeht, liegt eigentlich auf der Hand. Denn wollte Jesus von Nazareth eine gemütliche Botschaft verkünden, die sich in vorgefertigte Schemen einpasst? Die Evangelien jedenfalls erzählen eine andere Geschichte. Sie berichten von einem Mann, der aneckt, der zum Stein des Anstoßes für das gesellschaftliche Establishment wird. Und wir lesen, dass dieser Mann gewaltsam am Kreuz sterben musste, weil er Missstände offen anprangerte und kein Blatt vor den Mund nahm, wenn es um den Schutz des menschlichen Lebens ging. In diese Erzählung gliedert sich das Weihnachtsgeschehen ein und bildet gewissermaßen seinen Auftakt.

Wenn ich im Folgenden immer wieder Orte beschreibe, an denen es gewaltsam und kriegerisch zugeht, dann tue ich das nicht aus der Überzeugung heraus, dass in unserer Welt alles schlecht und grausam ist. Es gibt das Gute in unserer Welt und in unserer Gesellschaft – Gott sei Dank dürfen wir das auch immer erfahren. Ich führe den Leser an prekäre Orte, an denen die Menschlichkeit auf dem Spiel steht, weil diese Orte an Weihnachten verschwiegen werden. Weil unsere Weihnachtsfeiern mit dem Leid unzähliger Menschen nichts anzufangen wissen. Weil die Weihnachtsbotschaften allzu häufig an der realen Brutalität des Lebens vorbeigehen. Aber weil das Leben in seiner Gefährdung ein zentraler Bestandteil von Weihnachten ist.

Mein Anliegen ist es, den Versuch zu wagen, die Kluft zwischen der Realität und der Art, wie wir momentan Weihnachten feiern, zu verkleinern. Das Ereignis von Betlehem hat etwas mit unserem Leben zu tun. Beides läuft nicht berührungslos aneinander vorbei. Die Botschaft von der Geburt Jesu trägt etwas für unser Leben aus. Dazu ist es aber nötig, dass wir auf das schauen, was uns Weihnachten unverblümt zu sagen hat. Was sich dabei entdecken lässt, ist eine Zumutung. Aber erst wenn wir uns diesen Zumutungen stellen, können wir erkennen, wie sehr Weihnachten und unser eigenes Leben zusammenhängen.

Vielleicht stimmt meine These, dass unsere weihnachtliche Feierform, die geprägt ist von Gemütlichkeit, Besinnlichkeit und Romantik, ein gesellschaftliches Produkt ist, das sich über viele Jahre hinweg entwickelt hat. Vielleicht würden wir überhaupt nicht mehr so gerne Weihnachten feiern, wenn plötzlich Dinge im Mittelpunkt stehen, die uns bedrängen und sprachlos machen. Wenn es an Weihnachten ungemütlich und ernst zugeht und der Rand der Gesellschaft zum Zentrum wird. Oder wir würden uns umso mehr auf Weihnachten freuen, weil wir feststellen, dass die Menschwerdung Gottes auch unser Leben anbelangt. Weil wir merken, dass die weihnachtliche Feier nicht leer und oberflächlich ist, sondern dem Leben einen tieferen Sinn und eine unzerbrechliche Hoffnung gibt.

Ob man nach der Lektüre dieses Büchleins anders Weihnachten feiern wird, weiß ich nicht. Aber ich hege die Hoffnung, dass man mutiger wird, gerade an Weihnachten Menschen und Orte in den Blick zu nehmen, die man zu gerne aus dem Alltag verdrängt. Vielleicht sind es sie, die uns sagen, wie wir ein Weihnachten feiern können, das unsere menschliche Existenz nicht verkitscht und klein macht, sondern mit all ihren Problemen und Sorgen ernst nimmt und eine Botschaft für uns heute bereithält.

Der Versuch einer Neuinterpretation von Weihnachten kann scheitern. Aber er ist umso notwendiger in einer Zeit, in der die

Zahl der Menschen, die von sich sagen, sie könnten nicht mehr Weihnachten feiern, immer mehr zunimmt. In einer Zeit, in der die Sehnsucht nach Frieden und Liebe groß ist wie selten zuvor. Es ist Zeit, sich den Zumutungen von Weihnachten zu stellen und unser eigenes Leben in der Krippe wiederzufinden, in der Gott »in unser armes Fleisch« (Ankündigung der Geburt des Herrn nach dem Römischen Martyrologium) gekommen ist!

1. Zumutung Gottes

Das alttestamentliche Buch Exodus erzählt folgende Begebenheit zwischen Mose und Gott: »Mose sagte zu Gott: Lass mich doch deine Herrlichkeit schauen! Da sagte er: Ich will meine ganze Güte vor dir vorüberziehen lassen und den Namen des HERRN vor dir ausrufen. Ich bin gnädig, wem ich gnädig bin, und ich bin barmherzig, wem ich barmherzig bin. Weiter sprach er: Du kannst mein Angesicht nicht schauen; denn kein Mensch kann mich schauen und am Leben bleiben. Dann sprach der HERR: Siehe, da ist ein Ort bei mir, stell dich da auf den Felsen! Wenn meine Herrlichkeit vorüberzieht, stelle ich dich in den Felsspalt und halte meine Hand über dich, bis ich vorüber bin. Dann ziehe ich meine Hand zurück und du wirst meinen Rücken sehen. Mein Angesicht kann niemand schauen« (Ex 33,18–23).

Es ist die Sehnsucht Israels von Anfang an, Gott schauen zu dürfen. Nicht nur Mose will die Herrlichkeit Gottes sehen, sondern das ganze Volk ist auf der Suche nach ihm. Zwar hat er sich im brennenden Dornbusch als der Daseiende offenbart, doch allzu oft zweifeln die Israeliten auch an der Nähe ihres Gottes. Erst befreit er die Menschen aus der ägyptischen Knechtschaft und stärkt in ihnen die Hoffnung auf Freiheit, doch dann lässt er sie vierzig Jahre durch die Wüste wandern. Was mag das für ein Gott sein, der seinem Volk, das er sich zum Privatbesitz erkoren hat (vgl. Dtn 7,6), solches antut? Wo bleibt er denn, der dem Mose sein Mitgehen in allen Situation und Lebenslagen versprochen hat? Ist er nicht vielleicht doch nur einer der vielen Götzen, die aus ihrem stummen Mund keinen Ton hervorbringen und von denen auch in der größten Not keine Hilfe kommt?

Keiner kann das Angesicht Gottes schauen und am Leben bleiben. Keiner kann ihn sehen, wie er ist. Obwohl er sich Mose als der vorgestellt hat, der da ist, bleibt er immer noch der Ferne und Unnahbare. Er lässt sich durch menschliche Kraft nicht in diese Welt zwingen. Seine Nähe ist und bleibt ein Geschenk seiner Güte.

Von Anbeginn der Welt an ist Gott untrennbar mit seiner Schöpfung verbunden. Er ist es, der den Menschen schafft und ihm aufträgt, die Erde zu bebauen und zu kultivieren. Er führt Abraham auf seiner Wanderschaft bis hinein in das Gelobte Land. Er schließt seinen Bund mit der Menschheit und will dadurch deutlich machen, dass immer auf ihn Verlass ist. Gott steht zu den Menschen. Er verlässt sie nicht. Gerade in den Tiefpunkten des Lebens erweist er sich als der Mitgehende; als der, der aus aller Not errettet und die Menschen zum Leben befreit.

Und doch ist Gott immer der Geheimnisvolle, den keiner begreifen kann, der sich nicht in menschliche Kategorien pressen lässt. Trotz seiner Nähe, die er dem Volk Israel zusagt, bleibt er der Ferne und Unfassbare. Das stürzt das Volk auf der Wanderschaft durch die Wüste in eine tiefe Krise. Die Menschen glauben nicht, dass er da ist. Sie wollen ihn auf die Probe stellen, seine Anwesenheit inmitten seines Privateigentums überprüfen. Der Glaube an diesen Gott, der zugleich da ist und sich doch dem menschlichen Zugriff entzieht, ist eine Herausforderung. Denn Menschen leben nun einmal seit Urzeiten nach dem Motto: Was wir nicht sehen, das glauben wir auch nicht. Da geht es dem Volk in der Wüste nicht anders als Thomas, der erst die Male der Wunden und der Seite Jesu sehen muss, bevor er der Botschaft von der Auferstehung des Herrn Glauben schenkt.

Eine unheimliche Spannung durchzieht unsere Bibel: Auf der einen Seite die Sehnsucht der Menschen, Gott endlich zu sehen und zu wissen, dass er da ist, dass er nicht fern ist. Und andererseits das Wissen darum, dass keiner Gott schauen kann und am Leben bleibt. Der Ruf des 27. Psalms ist allgegenwärtig: »Dein Angesicht, Herr, will ich suchen« (Ps 27,8). Unzählige Menschen haben sich in ihrem Leben auf diese Suche nach Gott gemacht. Sie wollten ihn anschauen und, mehr noch, ihm nahe sein. Ihr Glaube hat sie immer mehr zu ihm hingeführt und sie mit ihm verbunden. Doch dabei sind sie an einen Punkt gekommen, an dem es kein Weiter mehr gab. So sehr sie sich auch danach sehnten, bei Gott zu sein, so sehr hat er sich immer wieder ihrem Verlangen entzogen. So laut der Ruf nach seinem Kommen in diese Welt erschallte, so fern schien er vom Alltag der Menschen zu sein. Die Suche nach seinem Angesicht ist verbunden mit der herben Enttäuschung, es doch nie schauen zu können. Denn keiner kann seinem Anblick standhalten. Weil er der Andere ist, ist es den Menschen nicht möglich, ihn mit ihrem Blick einzufangen.

Diese Spannung ist für viele Menschen unerträglich geworden und sie haben versucht, sie aufzulösen. Gott ist fremd und fern, also haben sie sich selbst Götzen geschaffen, die sie in ihrer Mitte aufgestellt und angebetet haben. Gottes Denken stimmt nicht mit unserem menschlichen Denken überein, also haben sie vorgegeben im Namen ihrer Götzen zu handeln, egal, was sie auch immer getan haben. Dabei haben sie nicht gemerkt, dass ihre Götzen nur ein Spiegelbild ihrer selbst waren und rein gar nichts aus eigener Kraft anrichten konnten. Sie haben vergessen, dass es nur einen Gott gibt, der alles erschaffen hat und am Leben erhält. Ihre unglaubliche Sehnsucht nach der Nähe Gottes hat sie auf diesen Weg geführt, der geradewegs in den Abgrund läuft. Er kann im Letzten nur ins Verderben gehen, weil die Menschen mit ihren Götzen auf sich alleine gestellt sind und keine Hilfe von ihnen erwarten dürfen. Das aber störte sie nicht. Das Antlitz Gottes suchend haben sie ihm selbst ein Antlitz geschaffen und sind vor ihm auf die Knie gefallen. Nicht ahnend, dass dies auch keine Lösung für ihre Probleme ist, denn ihre Götzen »haben einen Mund und reden nicht, sie haben Augen und sehen nicht, sie haben Ohren und hören nicht, sie haben eine Nase und riechen nicht; ihre Hände, sie greifen nicht, ihre Füße, sie gehen nicht, sie bringen keinen Laut hervor aus ihrer Kehle« (Ps 115,5–7).

Je größer die Erfahrung war, dass Gott sich nicht in diese Welt zwingen lässt, desto größer wurde die Sehnsucht nach seinem Kommen in diese Welt. Die Menschen wollten sich nicht mit seiner Abwesenheit zufriedengeben. Sie haben nach ihm gerufen, sein Kommen erfleht, geklagt und gehofft. Weil das Leben auf dieser Erde so bedrückend war, sehnten sie sich nach Befreiung aus aller Not. Alles setzten sie auf eine Karte: Sie wollten Gott hier bei sich haben, mitten unter ihnen. Sie versuchten, das durch eigene Leistungen zu erreichen. Sie errichteten ihm einen prachtvollen Tempel als Wohnhaus. Sie brachten ihm Opfer und Gebete dar, um ihn gnädig zu stimmen und sein Erbarmen für Israel zu erflehen.

Das Alte Testament ist durchzogen von den verschiedensten Vorstellungen von Gott und dem Messias, den er sendet. Der verheißene Messias ist der endzeitliche Heilsbringer, der durch sein Auftreten die Menschen aus der Gewalt des Bösen erlöst. Der Prophet Jesaja nennt die Namen dieses messianischen Herrschers: Wunderbarer Ratgeber, Starker Gott, Vater in Ewigkeit, Fürst des Friedens (vgl. Jes 9,5). Der, der im Namen Gottes die Welt erlöst, ist ein Herrscher, der den Thron Davids einnimmt und mit Recht und Gerechtigkeit sein Königreich regiert. Er ist der, der mit dem Geist Gottes begabt ist, der alle Völker aus der Verbannung versammelt und bei einem freudigen Festmahl vereint.

Die Propheten sprechen von einem gewaltigen Herrscher, der Herr ist über Himmel und Erde. Glaubt man den Verheißungen des Alten Testaments, so ist der kommende Messias eine beeindruckende Persönlichkeit, die alle Völker in Angst und Schrecken versetzt. Er, dem die ganze Schöpfung zu Füßen liegt, fährt auf den Flügeln des Windes einher (vgl. Ps 104,3). Seine Feinde werden ihm als Schemel unter die Füße gelegt (vgl. Ps 110,1). Und es folgt das endzeitliche Gericht über die Menschheit, dem niemand entrinnen kann.

Diese Bilder zeigen, in welche Richtung die Erwartung Israels ging: Gott kommt mit Macht, er richtet gerecht, er tritt seine endgültige und ewig währende Herrschaft an. Da hofft man auf einen, der mächtiger ist als alle Machthaber dieser Welt. Da sehnt man sich nach einem, der allem Unrecht ein Ende machen kann, der kraftvoll durchgreift, der die Niedrigen erhöht. So einer kann doch nur Gott sein. Ein Gott, der Herr ist über Himmel und Erde. Ein Gott, den man weder greifen noch begreifen kann. Ein Gott, der erhaben ist über alle Himmel und dennoch seinem Volk ganz nahe kommt. Das Volk Israel schreit nach dem Kommen dieses Gottes in die Welt. Es erwartet die Erlösung und das Erscheinen des Messias.

Der Messias kommt tatsächlich, Gott lässt sich ein auf diese Welt und wird in ihr Mensch. Das feiern wir alljährlich an Weihnachten und bekennen: »Das Wort ist Fleisch geworden und hat unter uns gewohnt« (Joh 1,14). Dabei aber ist dieses Geschehen, das sich an Weihnachten ereignet, eine unglaubliche Provokation: Gott kommt nicht, wie es sich das Volk Israel erwartet hat. Gott erscheint nicht, wie es die Propheten verkündigt haben. Gott wird Mensch in einem dreckigen Stall, irgendwo auf unsicheren Feldern vor dem Dorf Betlehem. Für Israel mag dies eine Zumutung gewesen sein. Immerhin galt ja, was die Schriften des Alten Testaments sagen: Niemand kann Gott sehen. Selbst Mose durfte nur seinen Rücken schauen. Und jetzt? Gott als Kind in einer Krippe. Es ist möglich, ihm in die Augen zu blicken. Man kann ihn betrachten, anfassen, ihm leiblich nahe sein. Gott redet in Jesus ganz offen zu den Menschen und verkündet auf direkte Weise seine Botschaft. So hält der Hebräerbrief fest: »Vielfältig und auf vielerlei Weise hat Gott einst zu den Vätern gesprochen durch die Propheten; am Ende dieser Tage hat er zu uns gesprochen durch den Sohn« (Hebr 1,1f.). Es braucht keine vermittelnde Instanz mehr. Der Sohn des ewigen Vaters verkündet die Botschaft vom nahegekommenen Gottesreich. Er steht den Menschen Auge in Auge gegenüber und nimmt das menschliche Schicksal mit all seinen Facetten an.

Noch einmal: Gottes Wohnort ist im Tempel. Dort thront er als Herrscher des Himmels und der Erde. Mitten in Jerusalem befindet sich der heiligste Ort, an dem man Gott ganz nahe sein kann. Es ist verboten, sich von ihm irgendein Bild zu machen, da er doch ganz anders ist, als es unsere menschlichen Vorstellungen erlauben.

Die Menschwerdung Gottes ist eine Zumutung, weil sie die bisherigen Vorstellungen zerbricht und auf den Kopf stellt. Sie zeigt wieder einmal, wie anders Gott ist und wie anders seine Pläne sind. Gott in dieser Welt als kleines Kind in einem Stall – diesen Satz muss man sich auf der Zunge zergehen lassen, angesichts der oftmals so machtvollen Gottesdarstellungen, die wir besitzen. Gott als wehrloses Geschöpf, als friedliches Kind – das ist auch eine Zumutung für unsere heutige Zeit. Denn wie oft wird Gott nicht für Machtzwecke missbraucht und in gewaltvolle Szenarien verstrickt?

Man muss nur einmal an die grausamen Taten des sogenannten Islamischen Staates denken, der mit seinem Terror die Welt in Angst und Schrecken versetzt. »Gott ist groß«, rufen sie bei der Ausübung ihrer Gräueltaten und meinen, sie würden in seinem Namen handeln und ihn durch ihr Tun noch größer machen. Gottes Willen nennen sie als Rechtfertigungsgrund für ihr brutales Vorgehen gegen jeden, der sich nicht ihrer Religion anschließt. Ihre Machtvorstellungen basieren auf dem Glauben an einen Gott, der mit aller Gewalt die Menschen an sich ziehen und zu ihm zwingen will. Das alles aber hat nicht viel mit Gott zu tun – schon gar nicht mit dem Gott, den die Muslime als den Allerbarmer, den Barmherzigen bekennen (vgl. Sure 1,1–4: »Im Namen Gottes, des barmherzigen Erbarmers. Lobpreis sei Gott, dem Herrn der Weltbewohner, dem Erbarmer, dem Barmherzigen, dem Herrscher am Tage des Gerichts.«).

Gott wird zum Machtinstrument, der dem eigenen Expansionstrieb dient. Dabei zeigt Weihnachten doch eine ganz andere Seite Gottes: den Gott, der Mensch wird, weil er der Menschheit das Leben schenken will. Der Gott, der unsere Gestalt annimmt, weil er uns so unendlich nahe sein will. Das ist eine Zumutung, mit der nicht jeder zurechtkommen mag. Denn wie viel einfacher ist es nicht, den Menschen ein Gottesbild vorzugaukeln und zu sagen, weil Gott so ist, müssen wir so handeln? Weil Gott den Tod der Ungläubigen will, sieht sich der sogenannte Islamische Staat gezwungen, Menschen hinzurichten und ihnen den letzten Rest menschlicher Würde zu rauben. »Deus vult – Gott will es«, riefen die Kreuzfahrer, als sie das Heilige Land eroberten und jeden töteten, der nicht dem christlichen Glauben angehörte. In der Geschichte treffen wir auf dieses furchteinflößende Phänomen immer wieder. Gott wird für menschliche Zwecke missbraucht und dadurch selbst zum Objekt der Willkür gemacht. Er wird hineingepresst in menschliches Denken und soll so sein, wie man ihn eben haben möchte. Gott als der Gewaltige und Mächtige, der alle, die nicht an ihn glauben, verdammt. Gott, der möchte, dass man in seinem Namen Menschen tötet, Familien zerstört, Angst und Schrecken verbreitet. Gott, der auf der Seite der Machthaber steht und ihren Expansionsdrang stützt, der die Niedrigen noch tiefer in das Elend treibt und in die Knie zwingt. – All das sind Zerrbilder eines Gottes, Projektionen des eigenen Wunschdenkens auf ihn, der sich allen unseren Gedanken entzieht. Es sind Vorstellungen von einem Gott, der sich von den Menschen diktieren lässt, obwohl Gott so viel größer ist als wir Menschen.

Weihnachten ist das Fest, das uns Gott in seinem Anderssein zumutet. Im Kind in der Krippe steht uns der Gott vor Augen, der sich nicht ein Schema einpassen lässt. Weil er sich allem Denken entzieht, tritt er nicht in Macht und Herrlichkeit in Erscheinung, sondern kommt als wehrloses Kind. Nicht im Jerusalemer Tempel ereignet sich dieses wunderbare Geheimnis. In einem Stall in Betlehem, weitab von den Frommen und Schriftgelehrten, lässt er sich in eine Futterkrippe legen.

Weihnachten zeigt uns, dass wir nicht über Gott verfügen können, wie es uns gerade recht kommt. Gott lässt sich nicht einsperren. Wenn wir ihn gerne in unsere Kirchen drängen und glauben, nur dort könne man ihn finden, zeigt er uns, dass dem nicht so ist. Vielmehr wird Gottes Nähe gerade dort präsent, wo wir überhaupt nicht mit ihm rechnen: in der liebevollen Begegnung mit dem Nächsten. Wenn man Gott suchen will, dann darf man sich nicht an alte und vorgegebene Denkmuster klammern. Man muss sich vielmehr auf seine Zumutung einlassen, die einen überall erreichen kann. Gott bricht oft mitten ins Leben hinein. Dann, wenn wir gar nicht mit ihm rechnen, zeigt er sich. An Orten, von denen wir sagen, dass an ihnen niemals Gott sein kann, ist er uns besonders nahe. Diese Zumutung Gottes nimmt im Kind in der Krippe sichtbare Gestalt an. Gott kommt in unsere Welt. Die Propheten haben recht behalten! Aber er kommt eben so völlig anders, als die Menschen es erwartet haben. Er mutet sich seinem Volk als Mensch zu, der unter den Menschen seine Botschaft vom nahegekommenen Heil verkündet.

2. Zumutung des Außen

Weihnachten ist allseits bekannt als die »heimelige Zeit«. Man zieht sich in seine eigenen vier Wände zurück, macht es sich gemütlich, vielleicht bei Kerzen und Glühwein. Tatsächlich ist das Winterwetter oftmals nicht gerade einladend und ob der kalten Temperaturen ist man froh, zu Hause im Warmen zu sitzen. Was draußen vor sich geht, das muss an Weihnachten draußen bleiben. Gerade am Heiligen Abend und den folgenden Tagen möchte man die Zeit mit der Familie verbringen und sich nicht allzu sehr durch äußere Einflüsse ablenken lassen. Der Rückzug in das Eigenheim bietet Sicherheit und Geborgenheit und verschafft Ruhe vor ungebetenen Nachrichten. Wenn man unter sich ist, muss man nicht mit Störungen oder unliebsamen Gästen rechnen.

Für viele Menschen scheint die perfekte Voraussetzung für Weihnachten also der Ausschluss des Außen zu sein. Mit allen Mitteln wehrt man sich gegen Einflüsse von draußen. Heimelig heißt zugleich zurückgezogen und eingeigelt, abgeschnitten von schlechten Nachrichten und all dem, was sich irgendwo ereignen mag.

Weil Weihnachten doch ein romantisches Familienfest ist, möchte man sich nicht mit dem auseinandersetzen müssen, was sich gerade draußen in der Welt alles ereignet. Die Brutalität, mit der das menschliche Leben so oft konfrontiert wird, hat in der besinnlichen Feier der Weihnacht keinen Platz. Ebenso wenig wie Nachrichten von Krieg und Terror, Anschlägen und Attentaten – all das würde doch nur Unruhe in die Gemütlichkeit bringen. Und ehrlich gesagt: Wer freut sich nicht auf die schönen Weihnachtstage zu Hause, an denen man endlich ein bisschen ausspannen kann? Wer sehnt sich nicht danach, endlich im Kreis der Lieben vor dem Christbaum zu sitzen und Lieder zu singen? Wen überkommt nicht die Gänsehaut, wenn am Ende der Christmette die elektrische Beleuchtung ausgeschaltet wird und man gemeinsam »Stille Nacht, heilige Nacht« singt? Hier haben politische Diskussionen keinen Platz. Hier will man keine schockierenden Fotos aus den Kriegs- und Krisengebieten dieser Welt sehen. Hier ist alles »heile Welt« – oder man versucht, mit allen Mitteln diesen Zustand herzustellen.

Dieser Ausschluss des »Außen« ist gerade in der Weihnachtszeit zunehmend zu beobachten. Man versucht, eigene Welten zu schaffen, die so ganz anders sind als alles, was außen herum geschieht. Auch die Weihnachtsmärkte, die zumeist ab dem ersten Advent aufgebaut sind, zeigen dies augenfällig. Obwohl sich die Märkte meist im Zentrum einer Stadt befinden und somit dort sind, wo man dem realen Leben mit all seinen Widrigkeiten kaum entgehen kann, entziehen sie sich diesem Leben. Auf dem Weihnachtsmarkt gibt es Glühwein und Plätzchen, Weihnachtsmusik ertönt aus den Lautsprechern, es duftet nach gebrannten Mandeln und Bratwürsten. Mit allen Sinnen darf man diese andere Welt erfahren. Eine Welt, die mit sich und mit dem anderen im Reinen ist, in der man glücklich und zufrieden ist. Wer über den Weihnachtsmarkt schlendert, der kann seine Sorgen einmal vergessen und sich ganz der (vor-)weihnachtlichen Stimmung hingeben, die einem dort begegnet. Mit schrecklichen Nachrichten, mit Menschen, die nicht in dieses stimmungsvolle Bild hineinpassen, möchte man an diesem Ort nicht konfrontiert werden. Vielmehr sehnen sich die Menschen, mit einer kindlichen Leichtigkeit noch einmal die ungetrübte Vorfreude auf das große Fest erleben zu dürfen. Keine Sorgen, keine quälenden Gedanken, keine Fragen nach dem Morgen. Die Anfangsworte des Prologs, den das Nürnberger Christkind jährlich zur Eröffnung des Marktes spricht, fassen diese Grundhaltung konzise zusammen. Der von Friedrich Bröger verfasste Text endet so: »Ihr Herrn und Frau'n, die Ihr einst Kinder wart, / seid es heut' wieder, freut Euch in ihrer Art. / Das Christkind lädt zu seinem Markte ein, / und wer da kommt, der soll willkommen sein.«

Auf dem Weihnachtsmarkt muss keiner draußen bleiben, jeder darf kommen und sich freuen. Alle Menschen dürfen die Leichtigkeit des Lebens neu erlernen, die sie in Kindertagen besaßen und doch wieder vergessen haben. Die Budenstadt ist eine Oase inmitten der alltäglichen Welt, ein Ort, an dem man alles andere vergessen darf und zumindest für einige Augenblicke die pure Schönheit des Lebens genießen kann.

Vielleicht genießen diese Märkte gerade deswegen eine so hohe Anziehungskraft auf die Menschen, weil sie etwas zu bieten haben, was im alltäglichen Leben nicht so häufig vorkommt: den radikalen Ausschluss des Außen. Im Alltag können wir uns den Nachrichten, die auf uns hereinbrechen, oft nicht entziehen. Wer im Auto sitzt und das Radio eingeschaltet hat, hört sofort, wenn es wieder irgendwo ein Unglück gegeben hat. Im Internet bekommt man die neuesten Eilmeldungen sowieso mit und selbst per Smartphone wird man immer auf den aktuellen Stand gebracht. Es geht eigentlich gar nicht, sich hier von der Außenwelt abzuschotten. Ob man will oder nicht: Das

Außen bricht ungefragt auf einen herein. Auf dem Weihnachtsmarkt kann man sich diesem aber entziehen. Denn der Weihnachtsmarkt versucht ein Ort zu sein, an dem es gerade darum geht, das Außen mit allen Mitteln außerhalb zu halten. Ein Ort, der eben anderen Grundsätzen folgt und nach anderen Regeln abläuft. An erster Stelle steht die Vermittlung von Freude und Leichtigkeit. Die Besucher sollen nicht nur auf Weihnachten eingestimmt werden, sondern auch bereits ein Stück dieser weihnachtlichen Heimeligkeit erfahren. Das aber wird nur funktionieren, wenn man zugleich alles draußen hält, was hier nicht seinen Platz hat. Alles, was die Freude trüben könnte, was mit der harten Realität konfrontiert und dem Weihnachtsmarkt seinen Zauber raubt.

Vielen Menschen geht es also darum, sich ihre eigene kleine Weihnachtswelt zu schaffen, die der Wirklichkeit dieser Welt oftmals diametral gegenübersteht. Umfassender Friede, Einigkeit unter dem Christbaum statt Krieg und Gewalt. Liebe und gegenseitiges Beschenken statt Hass, Misstrauen und ein egozentrisches alles An-sich-ziehen. Kerzenschein und Romantik statt Brutalität und Finsternis in den Abgründen dieser Welt.

In diese selbst erschaffene Welt passen sich denn auch die vielen Weihnachtslieder ein, die in einer beinahe kitschigen Sprache das Wunder von Betlehem besingen. »O du fröhliche, o du selige, gnadenbringende Weihnachtszeit« heißt es da. Oder: »Nun freut euch, ihr Christen, singet Jubellieder.«

Doch recht besehen legt uns die Weihnachtserzählung aus dem Lukasevangelium genau das Gegenteil ans Herz. Beim genauen Betrachten des Textes finden wir kein Plädoyer für eine Weihnachtsfeier, die sich ganz und gar der Realität dieser Welt entzieht. Vielmehr wird an unterschiedlichen Stellen das Außen thematisiert, das zentraler Bestandteil des Ereignisses ist.

»Weil in der Herberge kein Platz für sie war« (Lk 2,7), müssen Maria und Josef in einem Stall außerhalb der Stadt Betlehem Unterschlupf finden. Diese Grotte, in der Maria ihren Sohn zur Welt bringt, liegt draußen, auf den unsicheren Feldern vor der Stadt. Der Ort, an dem Gott Mensch wird, findet sich nicht im Zentrum eines blühenden Dorflebens. Nicht dort, wo die Menschen ihren alltäglichen Geschäften nachgehen, wo das Leben pulsiert, kommt Gottes Sohn zur Welt, sondern draußen, vor den Stadtmauern, ausgeschlossen vom gesellschaftlichen Leben. Gott selbst wird im Außen Mensch. Die Türen der Herberge bleiben zu, der Gastwirt verweigert dem jungen Paar die Unterkunft. Drinnen ist kein Platz, drinnen möchte man lieber unter sich bleiben. Besuch ist unerwünscht, die Zimmer sind schon alle belegt oder was auch immer der Grund für diesen Umstand gewesen sein mag. Und so müssen Maria und Josef die Stadt Davids wieder verlassen. Es geht für sie nach draußen in einen Stall.

Die ersten Menschen, die kommen, um zu sehen, was sich in dieser außergewöhnlichen Nacht ereignet hat, sind Hirten. Sie halten gerade Nachtwache bei ihrer Herde und befinden sich ebenfalls auf den Feldern vor Betlehem (vgl. Lk 2,8). Mit den Hirten tritt ein zweites Außen in Erscheinung: Die Hirten sind Menschen, die am Rand der Gesellschaft stehen, die wenig beachtet und noch weniger geehrt sind. Hirten, das sind arme Leute. Wer den Hirtendienst versieht, der benötigt keine besondere Berufsausbildung, aber er muss bei Wind und Wetter auf seine Herde aufpassen. Das Hirtenleben war oft hart und anstrengend. Vor gefährlichen Tieren mussten sie ebenso gewappnet sein wie vor Dieben, die sich versteckt hielten, um eines der Schafe zu rauben. Der Beruf des Hirten war frei von jeglicher Romantik. Bei jeder Witterung mussten die Hirten draußen bei ihrer Herde bleiben. Die Hirten leben mit dem Vieh. Von anderen Menschen werden sie deshalb nicht besonders angesehen. Sie stehen unten, ja beinahe außerhalb der gesellschaftlichen Ordnung. Doch das Außen drängt sich an die Krippe vor: Die Hirten sind die Ersten, die anbetend vor dem Kind auf die Knie fallen und den Heiland der Welt von Angesicht zu Angesicht schauen dürfen (vgl. Lk 2,16).

Auch Maria und Josef symbolisieren in unserer Weihnachtsgeschichte ein Außen. Von Nazareth in Galiläa haben sie die weite und anstrengende Reise auf sich genommen und sind nach Betlehem gekommen. Zu Hause, in Nazareth, sind sie in das dörfliche Leben integriert. Dort haben sie ihren festen Wohnsitz, dort hat Josef seine Arbeitsstelle. In Nazareth wohnen Freunde und Bekannte der beiden. Nazareth war zur Zeitenwende ein winziges Dorf – heute würden wir es vermutlich als »Kaff« bezeichnen. Jeder kannte jeden und vermutlich hat man sich auch gegenseitig geholfen. Aber hier in Betlehem, hier kennen Maria und Josef niemanden. Zwar stammt Josef, so berichtet Lukas, aus dem Geschlecht Davids und muss deshalb in die »Stadt Davids« nach Betlehem reisen (vgl. Lk 2,4) – doch bleibt fraglich, ob es hier überhaupt noch Verwandtschaft oder Bekannte von Josef gab. In dieser Stadt, in Betlehem, sind Maria und Josef Fremde. Niemand kennt sie. Vielleicht möchte auch niemand etwas mit ihnen zu tun haben. Die beiden sind nicht in die bestehende soziale Ordnung integriert. Sie kennen die Sitten und Bräuche, die es in Betlehem gibt, nicht. Sie wissen nicht einmal, wo sie eine Unterkunft finden sollen. Maria und Josef stehen für so viele Menschen, die sich außerhalb einer bestehenden Gemeinschaft befinden, die neu an einen unbekannten Ort kommen und sich dort erst zurechtfinden müssen. Sie kommen von außen und möchten gerne einen Platz in der Dorfgemeinschaft einnehmen. Sie hoffen auf Integration in bestehende Strukturen und wissen doch nur zu gut darum, dass sie Fremde sind und Unbekannte.

Mit dem Erscheinen der Engel bei den Hirten auf den Feldern von Betlehem tritt noch ein viertes Außen in Erscheinung. Die Engel sind Boten Gottes. Sie stehen vor ihm und lobpreisen ihn. Den Menschen überbringen sie Gottes Ratschlüsse oder stehen ihnen begleitend zur Seite. Die Engel sind himmlische Wesen, deren eigentümlicher Ort nicht die Erde ist. Sie kommen von außerhalb, sie haben eine fremde Botschaft zu verkünden. Was die Engel den Menschen zu sagen haben, ist keine selbst erdachte Nachricht und keine rein irdische Information. Die Engel geben Kunde von dem, was Gott selbst erdacht hat. Hier kommt eine neue Form des Außen ins Spiel: Es ist das Göttliche, das in diese Welt drängt und das diese Welt in den Heilsplan Gottes einbindet. Das wiederum zeigt, dass die Welt, und was sich auf ihr ereignet, auf Gott verwiesen ist und in allem er selbst Ziel und Ursprung ist. In Betlehem verbindet sich die Gott gebührende Ehre mit dem Frieden für die Menschen. Die Pläne Gottes, die außerhalb der menschlichen Vernunft stehen und für menschliche Gedanken verborgen sind, werden vom Engel offenbart: »Heute ist euch in der Stadt Davids der Retter geboren; er ist der Christus, der Herr« (Lk 2,11). Das Außen kommt in die Welt und zeigt den Hirten den Weg zum Stall, eröffnet für sie eine neue Wirklichkeit, die voller Frieden und Heiligkeit ist.

Eine derartige Analyse der Weihnachtsgeschichte zeigt, dass das Außen keine Marginalie ist, sondern im Geschehen von Betlehem eine neue Bedeutung gewinnt. Das Außen wird zum Zentrum. Der Stall, weit draußen vor den Mauern von Betlehem, wird zum Angelpunkt der Weltgeschichte. Die Hirten, außerhalb der Gesellschaftsordnung stehend, werden zu den Erstzeugen der Menschwerdung Gottes. Maria und Josef, fremde Menschen in einer Stadt, nicht in die bestehende Sozialordnung eingegliedert, kümmern sich liebevoll um das neugeborene Kind. Die Engel, nicht von dieser Welt, sondern Boten des ganz Anderen, der außerhalb dieser Welt ist, verkünden den Menschen den Heilsplan Gottes, der sich in dieser Nacht erfüllt hat. Das alles sind nicht nur Randnotizen und Anmerkungen, die man gerne vernachlässigen kann. Es sind vielmehr die Hauptbestandteile, ohne die Weihnachten gar nicht möglich wäre.

Das Setting, wie es uns Lukas überliefert, legt einen besonderen Wert auf das Außen. Es zeigt, dass Weihnachten ohne dieses Außen nicht funktionieren kann. Ohne Maria und Josef wäre das Kind hilflos und niemals überlebensfähig. Ohne die Engel hätte niemand vom Kommen Gottes in diese Welt erfahren. Ohne die Hirten wäre die Heilige Familie alleine an der Krippe geblieben, hätte niemand vor dem Kind die Knie gebeugt. Und ohne Stall wäre das Kind irgendwo in einem der vielen Häuser in den Städten dieser Welt geboren worden. Unbedeutend, eines unter vielen Kindern, dort, wo man von Anfang an Geborgenheit und Schutz erfährt. Ohne das Außen wäre Weihnachten ein anderes – und vielleicht auch eines, das viel zu romantisch und einfach ist, als dass es wirklich Weihnachten sein könnte.

Das alles zeigt aber auch, dass ein heimeliges Weihnachten, wie es so viele Menschen Jahr für Jahr feiern, die falsche Vorstellung ist. Und auch die Schaffung einer harmonischen Scheinwelt durch das jährliche Aufbauen der Weihnachtsmärkte ist im Letzten der falsche Weg. Bei einer Feier von Weihnachten, die sich nur auf das Innen konzentriert und mit allen Mitteln versucht, Fremdes von sich fernzuhalten, fehlt der wesentliche Bestandteil. Hier kreist man nur noch um sich selbst und presst die Weihnachtsbotschaft in ein selbst erdachtes Schema, das aber nicht mehr viel mit dem eigentlichen Geschehen zu tun hat. Man schafft sich eine eigene Welt, die zwar den eigenen Wunschvorstellungen entspricht und die eigenen Sehnsüchte kurzzeitig erfüllt, aber am Kern vorbeigeht. Weil es an Weihnachten nicht ohne das Außen geht, können wir nicht Weihnachten feiern, ohne das Außen auch heute ernst zu nehmen. Kerzenschein und Glühweinduft sind zwar schön und schaffen eine angenehme Stimmung, aber sie gehen an der Realität dieser Welt vorbei. Denn es geht bei Weitem nicht gemütlich und romantisch zu. Auch wenn viele Menschen mit allen Mitteln versuchen, diese friedvoll-harmonische Welt wenigstens für ein paar Stunden zu schaffen – es ist nicht die Welt, in der wir leben. Es ist eine labile Welt, die sofort zerbricht, wenn sie mit den Anfragen des Außen konfrontiert wird und sich mit ihnen auseinandersetzen muss. Sobald das Außen auf diese romantische Welt hereinbricht, wird sie radikal infrage gestellt und sprachlos angesichts dessen, was sich ihr entgegenstellt. Sie kann nur verschämt schweigen, weil im Anblick der realen Welt ihr Theaterspiel offengelegt wird. Die romantische Weihnachtswelt scheitert an der wirklichen Welt. Und es ist gut so.

Ich meine, man kann nur verantwortet von Weihnachten sprechen, wenn man sich immer neu dem Außen stellt und sich ihm aussetzt. Und ebenso ist die Feier von Weihnachten nur möglich, wenn man das Außen nicht ausschließt, sondern als reale Größe ernst nimmt und ihr die höchste Bedeutung für das Geschehen von Betlehem einräumt. Ich habe nun viel vom Außen gesprochen. Nun möchte ich ganz konkret in unsere heutige Welt schauen und einige Orte benennen, von denen ausgehend wir unser Weihnachten gestalten müssen. Nur wenn wir uns ihnen stellen, können wir lernen, von Weihnachten zu sprechen – und zwar ohne alles verkitschen zu müssen.

Das Außen, das wir an Weihnachten so gerne verschweigen, ist das Außen der vielen Kriege und Krisenherde, die es in unserer Welt gibt. In Syrien ist die Lage heikel, ebenso in Somalia und der Ukraine. In Mexiko dauert der Drogenkrieg an und die Türkei wird von immer neuen Anschlägen erschüttert. Längst gibt es beinahe kein Land mehr, das nicht schon vom Terror heimgesucht worden wäre. Das ist die Realität der Welt, in der wir aktuell leben. Es ist ein Außen, das wir gerne verdrängen und das an Weihnachten für uns keinen Platz hat. Wer möchte schon die schrecklichen Bilder des zerstörten Aleppo sehen, während er unter dem Christbaum mit der Familie gemütlich feiert? Dabei ist der Ort der Weihnacht selbst schon lange zu einem Krisenherd geworden. Wer in der Heiligen Nacht den Weg von Jerusalem nach Betlehem geht, der muss den Checkpoint an der meterhohen Sperrmauer passieren. Sie ist errichtet worden, um die Palästinenser in ihrer Bewegungsfreiheit einzuschränken und Sicherheit im israelischen Staat zu schaffen. Dabei werden die palästinensischen Bürger willkürlich von israelischen Soldaten behandelt und immer wieder gedemütigt. Wer durch Betlehem geht, dem zeigt sich ein trauriges Bild. Hier gibt es wahrlich keine Romantik und auch keine realitätsfernen Vorstellungen von Weihnachten.

Ein Außen, das wir an Weihnachten gerne aus unserem Blickfeld verdrängen, trägt den Namen Lampedusa. Die italienische Insel hat es nicht wegen ihrer idyllischen Mittelmeerlage in die Medien geschafft. Bootsflüchtlinge aus Tunesien und Libyen versuchen immer wieder, über Lampedusa das europäische Festland zu erreichen. Viel zu häufig ist es dabei in der letzten Zeit zu Unglücken gekommen, bei denen mehrere tausend Menschen ihr Leben verloren haben. Das Leid der afrikanischen Flüchtlinge ist zutiefst bewegend: In ihrer Hoffnung auf ein besseres Leben im sicheren Europa klammern sie sich an Schlepper, die ihnen eine sichere Überfahrt versprechen. Doch die Schlauchboote besitzen keinerlei Sicherung, sie sind überfüllt und kentern. Aus der Reise in ein neues Leben wird eine Reise in den Tod. Lampedusa ist zu einem Ort geworden, an dem es einem aufgrund so viel menschlichen Leids die Sprache verschlägt. Und es ist ein Ort, der immer neu genannt wird, wenn es um das verheerende und bedrückende Schicksal von Menschen geht, die aus ihrer Heimat flüchten und irgendwo anders ein neues Leben beginnen möchten. Lampedusa ist für die Flüchtlinge Sehnsuchtsort: Von dort möchten sie ihr neues Leben in Sicherheit und Frieden beginnen. Lampedusa ist zugleich der Ort abgrundtiefer Sprachlosigkeit: Dort trifft man auf das traurige Ende einer hoffnungsvollen Reise, die aufgrund menschlicher Berechnung für so viele im Tod endet. Lampedusa ist ein Außen, das mit dem traurigen Schicksal der Migranten konfrontiert und dem man nicht so einfach ausweichen kann. In Lampedusa wird die bedrückende Lage dieser Menschen unverschleiert offenbar.

Ein letztes Außen möchte ich unter dem Begriff der »politischen Großwetterlage« fassen. Dabei geht es nicht um einzelne politische Konfliktherde, sondern um die große politische Lage, wie sie letztlich die ganze Welt umfasst. Nicht zuletzt die Wahl von Donald Trump zum US-Präsidenten hat diese Lage noch einmal verschärft. Auch die Auseinandersetzungen zwischen dem türkischen Präsidenten und seinem russischen Kollegen bieten neues Konfliktpotenzial. Und nicht unvergessen sollte der nordkoreanische Machthaber Kim Jong-un bleiben, der mit seiner atomaren Raketentechnik immer wieder die Reaktionen der westlichen Staaten provoziert. Im Großen und Ganzen befinden wir uns in einer höchst unsicheren Lage, die jederzeit eskalieren könnte. Die politische Unsicherheit schürt bei vielen Menschen große Ängste. Nicht wenige sind es, die eine dunkle Zukunft sehen, die geprägt ist von immer neuen Auseinandersetzungen. Und es bleibt sicher auch die Frage offen, wann einer der großen Staatschefs labil wird und den ersten Atomschlag befiehlt. Papst Franziskus hat hier bereits vom »Dritten Weltkrieg« gesprochen, den wir in Stücken führen. Und er hat recht: Die brisanten Gebiete haben eine unübersichtliche Zahl erreicht und es werden tagtäglich mehr. Vielleicht ist es nur eine Frage der Zeit, bis die politische Großwetterlage umschlägt und neue Kräfte hinter den Großmächten erstarken. Vielleicht wird auch das ganze politische System in Umschwung geraten. Es bleibt alles offen. Und damit wächst die Unsicherheit, die Angst, die Sorge um die Zukunft. Die Menschen fühlen sich bedrängt und eingeengt. Ohnmächtig kann man nur zusehen und hoffen, dass sich die unterschiedlichen Streitigkeiten bald beruhigen. Und dass die gegenseitige Provokation endlich ein Ende findet.

Wenn wir Weihnachten in einer kitschig-romantischen Stimmung feiern, dann versuchen wir, diese gefährlichen Orte draußen zu halten. Wir bemühen uns, die erschütternden Nachrichten, die uns aus Syrien, aus Lampedusa und aus der Politik erreichen, möglichst auf Distanz zu halten. Davon möchte man am Heiligen Abend und über die Weihnachtstage einmal nichts hören. Die beunruhigenden Meldungen über neue Terroranschläge, über neue verunglückte Flüchtlinge, über neue politische Affronts gehören wirklich nicht zu einem Weihnachtsfest im Kreis der Familie. Und sie gehören auch nicht auf den Weihnachtsmarkt. Immerhin sucht man sich dort ja die bedrückende Realität dieser Welt möglichst vom Hals zu halten. – Das mag erst einmal durchaus befremdlich klingen. Aber blicken wir doch auf uns selbst. Wer möchte unter dem Christbaum über die Flüchtlingsproblematik diskutieren? Wer öffnet die Tür, wenn draußen ein Vertriebener aus einem der Kriegsgebiete dieser Welt um Aufnahme bittet? Wer möchte nicht zumindest für einen Abend die Angst um die Zukunft vergessen?

Doch Weihnachten, die biblische Weihnachtsgeschichte, zeigt auf eindeutige Weise: Es gibt kein Weihnachten ohne das Außen. Man kann nicht die Geburt des Gottessohnes feiern, ohne sich auf die prekären Orte der Menschlichkeit, die es in dieser unserer Welt gibt, einzulassen. Weil Weihnachten selbst sich in einem Außenbereich ereignet hat, dürfen wir nicht ein »heimeliges« Weihnachtsfest feiern, bei dem wir uns eine gemütliche Idylle schaffen. Was wir so festlich begehen, ist alles, aber nicht Weihnachten.

Wer an Weihnachten den Blick für das Außen verliert, der verliert das Kind von Betlehem selbst aus den Augen. Wer nur darauf bedacht ist, mit Plätzchen und Braten eine möglichst schöne Stimmung zu schaffen, der vergisst, dass Weihnachten selbst ein ungemütliches und unbequemes Ereignis war. Betlehem war nicht einladend, wie es unsere Weihnachtsmärkte sind, auf denen jeder willkommen ist. Betlehem selbst war ausladend und bot keinen Platz für zwei Menschen, die nicht in die örtliche Sozialordnung eingebunden waren. Und es bleibt mir die Randbemerkung erlaubt, inwieweit unsere Weihnachtsmärkte wirklich für jeden offen sind und nicht nur für eine ganz bestimmte Gruppe der Gesellschaft Abwechslung und Einstimmung auf Weihnachten bieten.

Konkret bedeutet das bisher Gesagte nun: Wir können Weihnachten nur wirklich feiern, wenn wir uns dem Außen aussetzen und uns von ihm konfrontieren lassen. Wir kennen die Botschaft von Weihnachten nur, wenn wir uns vom Außen sagen lassen, wie sie lautet. Weil das Ereignis von Weihnachten gänzlich von einer Außen-Situation bestimmt ist, können wir den Kern und Sinn der weihnachtlichen Tage nur verstehen, wenn wir selbst das Außen zu Wort kommen lassen. Dazu gehört es aber notwendigerweise, dem Außen einen Ort in unserer Weihnachtsfeier einzuräumen. Weihnachten darf nicht zu einer Feier verkommen, die auf die eigene Familie beschränkt ist und sich einzig zu Hause in den eigenen vier Wänden abspielt. Weihnachten darf nicht von einer romantischen Wunschvorstellung überdeckt und verschönert werden. Vielmehr muss es gerade an den Weihnachtstagen einen Raum geben, in dem all das seinen Platz hat, was uns selbst als Menschen im Innersten erschüttert und das eigene Menschsein infrage stellt. Die unterschiedlichen Konfliktzonen in unserer Welt, Lampedusa, die instabile politische Lage – das alles sind nur Beispiele für das Außen, mit dem wir uns auseinandersetzen müssen. Im Hinblick auf diese Orte sind wir Lernende: Wir können die Botschaft von Weihnachten nur verstehen, wenn wir uns von Menschen im Außen sagen lassen, wie sie lautet. Dabei darf das Außen nicht ausgeschlossen werden, sondern ist ein wesentlicher Bestandteil dieses Festes, ohne den Weihnachten nicht sein kann.

Weihnachten mutet uns das Außen dieser Welt zu. Es zeigt uns, dass das Außen kein Ort ist, den man ohne Weiteres ins Abseits stellen kann. Vielmehr gehören das Außen und seine bedrängend machende Sprachlosigkeit untrennbar zu Weihnachten dazu. In unserer zunehmend verkitschten Art des Feierns vergessen wir das allzu gerne. Wir versuchen, den Spieß umzudrehen und mit allen Mitteln das Außen dort zu behalten, wo es hingehört: weit weg von uns.

Es tut gut, sich dieser Zumutung von Weihnachten zu stellen. Und es kann nur bereichernd für den eigenen Glauben und das eigene Leben sein, wenn man das Außen mit offenen Armen aufnimmt und zum festen Bestandteil des Weihnachtsfestes macht.

3. Zumutung des ohnmächtigen Menschen

Gott wird Mensch. Das Geheimnis von Weihnachten klingt so einfach und ist dabei doch eine wirkliche Zumutung. Denn Gott wählt für seine Menschwerdung den natürlichen Weg. Im Gegensatz zu den Göttermythen der Antike entsteht Gott als Mensch nicht aus irgendeiner fremden Materie. Auch nimmt Gott nicht nur Menschengestalt an, wie dies ebenfalls in zahlreichen mythologischen Überlieferungen üblich war (und auch von so manchem der frühen Theologen vermutet wurde). Gott wird wirklich Mensch. Er nimmt die menschliche Existenz mit allen Dimensionen ihres Daseins an – vom Beginn des Lebens im Schoß der Mutter bis hinein in die Dunkelheit des Todes. Das große christliche Glaubensbekenntnis, das in seiner endgültigen Form auf dem Konzil von Konstantinopel im Jahre 381 formuliert wurde, sagt in Bezug auf Jesus Christus: Er wurde »gezeugt, nicht geschaffen«.

Das Leben Jesu war ein zutiefst menschliches. Eines, das nicht ausgenommen war von menschlichen Empfindungen und Bedürfnissen. Oftmals konnte man bei den frühen Theologen lesen, dass Jesus gleichsam einen perfekten Körper besaß, der von jedem Makel frei war. Ebenso meinten sie, Jesus kannte keine natürlichen Triebe, er musste nicht essen und trinken, er empfand weder Leiden noch Schmerzen. Dieses Bild eines gefühl- und bedürfnislosen Menschen floss ein in die künstlerische Darstellung eines Gottessohnes, der gut aussehend und ohne jegliche Beeinträchtigung war.

Die Texte der Evangelien widersprechen dieser weltfremden Annahme. Jesus war eben nicht der perfekte Mensch im perfekten Körper. Jesus unterlag den Gesetzen der Natur. Er war von keinem Bedürfnis ausgenommen. Dezent weist die lukanische Weihnachtsgeschichte darauf hin, wenn es heißt, das Kind wurde »in Windeln« gewickelt (Lk 2,7). Noch deutlicher sagt es Johannes, wenn er im Zuge der Auferweckungsgeschichte des Lazarus schreibt, dass Jesus weinte (Joh 11,35).

Weihnachten stellt uns deshalb eine kritische Situation vor Augen. In seiner reinsten Form geht es an Weihnachten um die Geburt eines Kindes, das unter widrigen Bedingungen auf die Welt kommt. Über 2000 Jahre nach diesem Ereignis fällt es uns zunehmend schwer, die Gefahr dieses Geschehens wahrzunehmen. Immerhin leben wir in einer medizinisch bestens versorgten Gesellschaft. Ein Großteil der Geburten spielt sich im Krankenhaus unter fachlicher Aufsicht ab. Bereits vor der Geburt gibt es ärztliche Untersuchungen. Und auch danach wird das Neugeborene beständig beobachtet und im Krankenhaus durchgecheckt. Die Gefahr, die eine Geburt für die gebärende Frau und für das Kind mit sich bringt, ist beinahe vollständig verschwunden. Anders als damals, als Maria nicht wusste, wie man ein Kind zur Welt bringt. Als Josef bangte, dass alles gut geht und Mutter und Kind überleben. Die Geburt ereignet sich nicht im sterilen Kreißsaal unter fachlicher Aufsicht. Geburtshelfer ist nicht eine ausgebildete Hebamme, sondern Josef, ein Bauhandwerker. Unsicher, wer am Ende wieder die Rückreise nach Nazareth antritt, ob sie zu dritt sein werden, weiterhin zu zweit oder ob Josef gar alleine wieder hinauf in die Heimat ziehen muss. So aber war Weihnachten: voller Ängste und Zweifel, voll der Unsicherheit und hoffnungsvoll, dass die Geburt des Kindes reibungslos abläuft.

Selbst als das Kind geboren ist, gibt es noch keine Erleichterung. Immerhin muss es erst einmal die Nacht überleben. Es könnte krank sein und nur scheinbar lebensfähig. Die widrigen äußeren Umstände könnten dem Kind schaden. Es könnte sterben, weil unhygienisch gearbeitet wurde, weil ein Stall für das Vieh eben nicht der geeignete Ort für ein Neugeborenes ist. So bleibt die Unsicherheit. Dass das Kind von Betlehem überleben würde, stand nicht von vornherein fest. Sein Leben hing an einem seidenen Faden.

An Weihnachten steht mit dem Kind in der Krippe das ohnmächtige Leben im Mittelpunkt des Geschehens. Das Leben, das klein und verletzlich ist. Das Leben, das sich nicht gegen die Widerstände, die sich ihm von außen aufdrängen, wehren kann. Das Kind ist wehrlos dem Lauf der Natur ausgeliefert. Seine Stimme kann es nicht erheben. Es liegt da in der Krippe, auf Stroh gebettet und hofft, dass das Leben gegen die Einflüsse von außen siegt.

Die Idylle, die uns so viele Krippendarstellungen zeigen, löst sich auf, wenn man bedenkt, wie angespannt die Situation damals in Betlehem war. Die Freude über die Geburt des Kindes geht einher mit der bedrängenden Angst, das Kind könnte die ersten Stunden nicht überleben. Wenn Maria und Josef andächtig vor der Krippe stehen und das Kind betrachten, dann dürfen wir nicht vergessen, dass der Tod über der Heiligen Familie schwebte und sie zu zerstören drohte. Was so lieblich aussieht, ist in Wirklichkeit bedrückend. Denn die unbändige Sorge um das Wohl des Kindes und der Mutter bleiben. Die »stille Nacht« wird zerrissen von den Bemühungen eines Ziehvaters, der sich um eine Mutter und ihr Neugeborenes kümmert. Die Ohnmacht vor den drohenden Gefahren vertreibt jede Spur von

Romantik. Man kann nur beten, dass alles gut geht. Am Ende der dramatischen Ereignisse in der Nacht von Betlehem bleibt die unendliche Hoffnung, dass das Leben stärker ist als der Tod und sich gegen die von außen kommende Eingrenzung durchsetzt.

Noch einmal: Im Mittelpunkt von Weihnachten steht ein kleines, wehrloses Kind. Das Zentrum des Stalls von Betlehem bildet die Ohnmacht, die weder Maria noch Josef bändigen können. Die Mitte von Weihnachten ist der lebendige Gott, der ein Mensch wird und sich dem menschlichen Schicksal unterwirft. Er rettet sich nicht durch ein Wunder aus der bedrohlichen Situation. Wehrlos liegt er im Futtertrog und ringt mit dem Leben. Der Allmächtige lässt seine Macht los, um auch in der Machtlosigkeit den Menschen gleich zu werden. Er erniedrigt sich und lässt andere über sich bestimmen. Der Schöpfer der Welt wird klein und unbedeutend und wird auf stechendes Stroh gebettet. Das ist Weihnachten, wie es sich vor über 2000 Jahren im Stall von Betlehem zugetragen hat. Ein Ereignis, das durch und durch geprägt ist von Verletzlichkeit, von Ohnmacht und Wehrlosigkeit. Und weil es damals so war, darf unser Weihnachten heute nicht am ohnmächtigen Leben vorbeigehen. Es muss die Menschen ernst nehmen, die heute wehrlos und machtlos sind. Es muss gerade die Menschen einbinden, die wie das Kind verletzlich und auf andere angewiesen sind, die an den Rändern unserer Gesellschaft leben und nicht wissen, ob sie den morgigen Tag überleben werden. Weil uns das Kind in der Krippe den wehrlosen und verletzlichen Menschen zumutet, dürfen wir nicht blind am Menschen in seiner zum Himmel schreienden Not vorübergehen. Wir müssen ihm – gerade an Weihnachten – Raum schaffen. Denn Weihnachten selbst legt uns diese Menschen ans Herz und sagt, dass es ohne sie nicht gehen kann. Der ohnmächtige Mensch ist nicht eine Randbemerkung, sondern der Mittelpunkt des weihnachtlichen Geschehens.

Den verletzlichen Menschen finden wir in den Bordellen, auf dem Straßenstrich und in den Rotlichtvierteln. Dort werden Menschen zur Ware degradiert, die ihren Körper verkaufen und zu reinen Lustobjekten für das Begehren des anderen verkommen. Die Liebe wird zum Geschäft. Die Prostitution geschieht nicht immer freiwillig. Oft bleibt den Frauen gar keine andere Wahl. Und nicht selten ist die Sexarbeit erzwungen und geschieht aufgrund von Gewalt. In der Prostitution sind die Frauen zutiefst ohnmächtig. Sie sind dem Willen des Freiers unterworfen und können sich nur schwer aus der passiven Rolle des Lustobjektes befreien. Sowohl der Zuhälter als auch der Freier üben berechnend ihre Macht auf die Frauen aus. Diese wiederum sind in eine Ecke gepresst, in der sie sich wie gelähmt dem Anderen, der seine Herrschaft ausübt, unterwerfen. In diesem undurchsichtigen Machtspiel können die Prostituierten nur verlieren. Sie ringen um Anerkennung und werden doch immer wieder zurückgeworfen und in die Anonymität gedrängt. Das wehrlose Leben kann in solchen Situationen nur eine Niederlage erleiden. Es bleibt angreifbar und zerbrechlich.

Das verletzliche Leben finden wir in den Favelas und Elendsvierteln. Besonders in Brasilien und ganz Lateinamerika ist die Lage dramatisch: Angesichts der Lebensbedingungen von so vielen Menschen ist man zutiefst erschrocken. Es ist kaum vorstellbar, dass in den oft primitiv zusammengebauten Häusern überhaupt Menschen leben können. Hier, in den Armutsvierteln, herrschen Kriminalität und Ausbeutung. Die Polizei versucht, den dort ansässigen Drogenhandel zu bekämpfen, und verschärft dabei nur noch mehr die Unsicherheit und die Gefahren. Die Elendsviertel befinden sich nicht nur am Rand der Großstädte, sondern auch am Rand der ganzen Gesellschaft. Das Leid der unterschiedlichen Generationen offenbart sich. Man kann dem abgrundtiefen Elend der menschlichen Kreatur nicht ausweichen. Das Leben im Elendsviertel ist bedrückend und bedrängend zugleich. Es fragt auch das eigene Leben an und verweist mit aller Deutlichkeit auf die bestehende Kluft zwischen Arm und Reich. Die dort herrschenden sozialen Missstände deuten eine problematische Lage in unserer Gesellschaft an. Sie verweisen darauf, dass es Menschen gibt, deren Leben andauernd an der Grenze ist, die tagtäglich um ihr Überleben kämpfen müssen. Und sie machen deutlich, dass das Leben dauernd gefährdet ist, in die Armut und in bedrohliche Lebensverhältnisse abzurutschen. Nicht selten sind es politische Strukturen, die dazu führen, dass menschliches Leben an den Rand gedrängt wird. Wieder ist das Leben ohnmächtig angesichts der herrschenden Machtkonstellation und kann sich nur in einen vorgegebenen Raum einpassen. Zugleich ist das Leben wehrlos, denn es ist für den Einzelnen nicht möglich, die Gegebenheiten zu ändern und das Setting umzugestalten. Zwar gibt es immer wieder Revolutionen, die versuchen, die bestehende Ohnmacht in Macht zu verwandeln und machtvoll gegen die bestehende Autorität vorzugehen. Oftmals aber führen diese Versuche nur dazu, dass der Druck, der von den Machthabern ausgeübt wird, noch größer und die Lage noch brisanter werden. Zuletzt war auch der Putschversuch am 15. und 16. Juli 2016 in der Türkei ein Vorstoß gegen die Wehrlosigkeit des menschlichen Lebens und für die Selbstbestimmung und Emanzipation der menschlichen Existenz – und das mit teils verheerenden Folgen.

Das verletzliche Leben zeigt sich uns in den vielen Kindern, die Jahr für Jahr im Mutterleib abgetrieben und getötet werden. Der Schwangerschaftsabbruch, der mittlerweile keine Seltenheit mehr ist, stellt das Leben vor eine grundsätzliche Frage. Denn wenn das Leben bereits vor dem ersten Atemzug zerstört wird, wie kann man dann noch für den unbedingten Schutz des Lebens und die unantastbare Würde der menschlichen Existenz eintreten? Das wehrlose Leben wird zum Spielball und unterliegt einer willkürlichen Entscheidung der Mutter. Wählt sie den Weg der Abtreibung, ist das Leben unaufhaltsam dem Tod ausgeliefert. Es hat keine Chance mehr und muss sich unweigerlich dem ärztlichen Handeln unterwerfen. Das Leben, das sich im Mutterschoß langsam entwickelt, ist klein und verletzlich. Es ist ohnmächtig dem Willen anderer unterworfen, die eigentlich für seinen Schutz eintreten sollten. Doch allzu oft ist das genaue Gegenteil der Fall: Die Mutter entscheidet sich gegen das Leben und für den Tod des Embryos. Doch genau genommen steht uns hier auch auf eine andere Weise das zerbrechliche Leben vor Augen. Denn auch die Mutter besitzt ein verletzliches Leben. Der Abbruch einer Schwangerschaft geht oft mit einem inneren Ringen einher. Nicht immer fällt es leicht, eine solche Entscheidung zu treffen und zu verantworten. Die Schwangerschaft stellt eine Frau vor neue Probleme und konfrontiert sie plötzlich mit Anfragen an das eigene Leben. Das Leben der Frau selbst ist in dieser Lage auf den Kopf gestellt. Die Mutter selbst ist ohnmächtig aufgrund der neuen Situation. Sie ist zurückgeworfen und muss sich mit den neuen Umständen zurechtfinden. Wenn das Leben der Mutter an der Schwangerschaft scheitert und sie nur noch den Ausweg der Abtreibung sieht, ist plötzlich auch ihr Leben brüchig und verletzlich. Wie soll das Leben nun weitergehen? Bleibt nicht immer auch eine qualvolle Erinnerung an das Kind und das wehrlose Leben, dessen Ankunft in dieser Welt verweigert wurde? Ein Schwangerschaftsabbruch zeigt uns die Brutalität, der das Leben so oft ausgesetzt ist, in seiner ganzen Bandbreite. Hier die Mutter, die mit der Schwangerschaft überfordert ist, deren Leben plötzlich auseinanderzubrechen droht. Dort das wehrlose Kind, das gerade noch heranwächst und schon dem Tod ausgeliefert ist.

Wir feiern Weihnachten als das Fest des Lebens. Und wir tun es zu Recht, denn in der Mitte der weihnachtlichen Tage steht das kleine Kind in der Krippe. Die Geburt eines Kindes ist ein Zeugnis für das Leben und für eine menschliche Existenz, die langsam heranwächst und sich entfaltet. Das Wunder des Lebens entsteht beinahe aus dem Nichts und wird unaufhörlich größer. Es nimmt die Züge eines Neugeborenen an, das langsam erwachsen wird und selbst das Leben weitergibt. Weihnachten stellt das neue Leben in die Mitte und sagt uns, dass es in aller Finsternis und aller Todesgewissheit neue Hoffnung gibt: Der Schrei des Kindes durchbricht die Stille der Nacht und setzt ein unüberhörbares Zeichen für das Leben.

Weihnachten ist das Fest des Lebens. Aber eines Lebens, das klein und ohnmächtig ist, verletzlich und wehrlos. Das Kind in der Krippe ist Symbolbild für dieses ohnmächtige Leben. An Weihnachten begegnet uns nicht das mächtige Leben, das groß und nicht zu fassen ist. Wir stoßen nicht auf das alles zermalmende und klein machende Leben, das nur sich selbst kennt und den Mitmenschen nur zum Mittel der eigenen Selbstdarstellung degradiert. Das Krippenkind steht nicht für ein Leben, das sich durch Waffen und Gewalt expandiert und immer weiter ausbreitet. Nein, auch das starke Leben, das bereits gegen jeden Tod erhaben wäre, sehen wir an Weihnachten nicht. Das Leben, das auf jede Frage eine Antwort weiß, das in lauten, ausdrücklichen Worten seine Ideologie äußert, suchen wir in der Krippe vergeblich.

An Weihnachten steht das zerbrechliche und kleine Leben im Zentrum. Das Kind ist alles andere als stark und mächtig. In den Minuten und Stunden nach der Geburt kämpft es gegen den Tod an. Es versucht, sich gegen die widrigen äußeren Umstände zu wehren – und vermag es doch nicht, da es viel zu schwach ist. Auch Maria, die Mutter, hängt an ihrem Leben und weiß nicht, ob sie die schwere Geburt draußen, im Stall, überleben wird. Im Kind in der Krippe steht uns das bedrängte Leben vor Augen. Das Leben, das sich nicht wehren kann, das Leben, das der Macht und Willkür eines Anderen unterworfen ist. Aber auch das Leben, das zart und verletzlich ist und das in jedem Augenblick vom drohenden Tod überwältigt werden kann. Das ist ein eindrückliches Bild: Gott selbst kommt in diese Welt, als kleines Kind. Der, der einst Tote zu neuem Leben auferwecken wird, steht selbst an der Grenze des Lebens. Im Johannesprolog heißt es über ihn: »In ihm war Leben und das Leben war das Licht der Menschen« (Joh 1,4). Wer an Weihnachten das Leben sucht, der wird es entdecken. Aber in einer völlig anderen Form, als man es erwartet hätte. Der Allmächtige als wehrloses Geschöpf. Die zerknirschte Kreatur als Urbild des ewigen Lebens.

Weihnachten mutet uns das ohnmächtige Leben zu. Und das passt gar nicht in unsere Welt, die darauf bedacht ist, dass man auf der Seite der Herrschenden stehen muss, um etwas zu gelten. Dass man nur etwas ist, wenn man sich auf seinem Reichtum ausruhen kann und sich bester Gesundheit erfreut. Die heutige Gesellschaft mutet uns doch nur ein perfektes Bild des Lebens zu: einen einwandfrei trainierten Körper, der völlig makellos den hausgemachten Schönheitsidealen einiger weniger Menschen entspricht. Wer nicht in dieses Schema passt, der hat verloren. Der grenzt sich selbst aus und zieht die verächtlichen Blicke der Menge auf sich. Denn wer verzichtet schon freiwillig auf ein gutes Aussehen? Wer geht schon aus eigenem Entschluss in die Elendsviertel der Welt und kümmert sich um arme und kranke, behinderte und mittellose Menschen? In einer globalisierten Welt, die auf Fortschritt und Gewinn bedacht ist, in der alles durchgeplant und berechnet ist, hat solches humanitäre Handeln oft keinen Platz mehr. Das verletzliche Leben bleibt auf der Strecke und manche meinen, dies geschehe zu Recht so. Denn wer nicht von klein auf immer danach strebt, auf der Seite der Gewinner zu stehen, der setzt sich selbst ins Aus. Und eigentlich braucht er sich dann auch nicht zu beschweren: Immerhin ist seine missliche Situation völlig eigenständig verschuldet.

Wenn uns Weihnachten das ohnmächtige Leben zumutet, dann können wir die Geburt Jesu Christi nicht feiern, ohne das verletzliche Leben zu betrachten. Gerade an Weihnachten muss unser Blick auf die Menschen gehen, die in ihrem Leben so oft schon verletzt worden sind, deren Leben in Bruchstücken da liegt und die mit ihrer Existenz gescheitert sind. Wir müssen auf die Menschen schauen, die in der Prostitution ihrer menschlichen Würde beraubt werden, die ihren Körper verkaufen und zur Ware geworden sind. Wir müssen uns mit den Menschen auseinandersetzen, die in den Favelas und Elendsvierteln dieser Welt leben, die den Rand unserer Gesellschaft bilden und oftmals aus unserem Blickfeld verschwinden. Wir müssen die Frauen ernst nehmen, die ein Kind abgetrieben und das Leben in seiner Entstehungsphase zerstört haben, die mit sich hadern und deren Perspektiven zerstört sind.

Unsere ganze Aufmerksamkeit muss an Weihnachten dem wehrlosen Leben gelten. Den Kindern, die bereits in jungen Jahren zu Soldaten ausgebildet und in den Krieg geschickt werden. Den Jugendlichen, die sich im Drogengeschäft etablieren, weil ihnen die Gesellschaft sonst keinen weiteren Weg bietet. Den Kindern, die sexuell missbraucht und misshandelt werden, die nicht den Mut haben, sich gegen solche verbrecherischen Handlungen zu wehren. Es gibt so viele Menschen, deren Leben dem Willen eines Anderen unterworfen ist. Mit der Selbstbestimmung ist es oft nicht weit her. Und das gilt genauso in anderen Kontexten: Inwieweit ist nicht auch unser eigenes Leben wehrlos im Angesicht der Finanz- und Bankenkrise? Haben wir überhaupt noch die Chance, irgendetwas aufzuhalten, wenn die Euro-Krise anhält und weitere Länder der EU den Rücken zukehren? In den großen Strukturen, in die unser Leben eingebunden ist, sind wir alle machtlos und auf das wohlwollende Handeln anderer angewiesen. Da haben wir letztlich alle keine Chance, uns zu widersetzen, und müssen ohnmächtig auf das schauen, was auf uns zukommt.

Ein solches Leben hat in der Krippe seinen Platz. Und es tut gut, sich das immer neu vor Augen zu führen. Wenn wir Weihnachten feiern, dann dürfen wir daran denken, dass wir es in Wirklichkeit nicht mit einer idealen, romantischen Vorstellung zu tun haben. Wir dürfen feststellen, dass Gott uns an Weihnachten das ohnmächtige und verletzliche Leben zumutet. Ein Leben, das wir alle kennen und das niemandem von uns fremd ist. Aber wir müssen uns diesem Leben stellen. Es ist nicht damit getan, das verletzliche Leben beiseitezuschieben oder schönzureden. Man kann Weihnachten auch nicht dadurch abhandeln, dass man diesen Aspekt völlig vergisst und außer Acht lässt. Freilich passt er nicht in unsere Welt und Gesellschaft. Aber ist das verletzliche Leben nicht so viel näher an unserem eigenen Leben, als eine verkitschte Darstellung des lieben Jesuskindes? Kennen wir das ohnmächtige Leben nicht selbst am besten – und viel besser als jedes perfekte und gegen alle Widerstände resistente Leben?

An Weihnachten das verletzliche Leben ernst zu nehmen, heißt nicht nur, in unsere Welt zu schauen und die vielen Menschen zu suchen, die an der Grenze des Lebens ihren Alltag gestalten. Es heißt auch, uns selber neu ernst zu nehmen – mit all dem, was uns das Leben immer wieder so schwierig macht, was uns das Leben zur Last werden lässt. Die Geburt Jesu im Stall ist keine lebensfremde Märchengeschichte. Die Weihnachtserzählung ist keine Legende, die mit großen Worten schön ausgeschmückt ist und das ganze Geschehen in ein heiliges Licht rückt. Weihnachten war hart und traurig und zugleich voller Hoffnung und Leben. Es verschleiert die Abgründe der menschlichen Existenz nicht. Es zeigt, dass das Leben in so unterschiedlichen Situationen (selbst an seinem Beginn) beständig vom Tod bedroht ist. Man darf Weihnachten nicht mit allerlei schönen und leuchtenden Farben überpinseln, weil man dadurch zugleich das überdeckt, was Weihnachten eigentlich sein will: das Fest der Menschwerdung Gottes – mit allen Facetten des menschlichen Lebens.

Sich dieser Zumutung zu stellen bedeutet aber zugleich auch, sich Orten zu stellen, an denen die Menschlichkeit auf dem Spiel steht. Das sind keine angenehmen und bequemen Orte. Dazu gehören der Straßenstrich genauso wie die Favelas, aber auch Bahnhofsmissionen, Einrichtungen für Obdachlose und Krankenhäuser. Hier kann man dem Leben in seiner bedrängten und ausgegrenzten Form begegnen. Hier werden Fragen aufgeworfen, die man nicht einfach beantworten kann, weil sie überfordernd sind und die eigene Person anfragen. Es braucht den Mut, sich gerade auch im theologischen Diskurs solchen Orten zu stellen. Man muss sie zulassen, wenn man sich auf die Suche nach dem verletzlichen Leben in unserer Gesellschaft begibt. Meistens sind es gerade die von der Öffentlichkeit am meisten verschwiegenen Orte, die am bedrückendsten sind und an denen Menschen die größte Zuwendung brauchen. Dort aber stoßen wir auf das ohnmächtige Leben und dort werden wir mit Schicksalen konfrontiert, die sprachlos machen. Dort aber ist man auch dem weihnachtlichen Geschehen am nächsten.

Wer sich an Weihnachten der Zumutung des ohnmächtigen und verletzlichen Lebens stellt, der muss seinen Blick nicht nur an die Peripherie richten. Er muss auch das eigene Leben betrachten und sich bewusst machen, wie sehr die eigene Existenz doch auch fragil und von außen bedroht ist. Wer sich dieser Zumutung stellt, der wird nicht nur einen zentralen Aspekt der Feier der Weihnacht wiederentdecken, sondern der darf auch spüren, dass Weihnachten mit unserem Leben zu tun hat. Dass die Geburt Jesu draußen auf den Feldern vor Betlehem kein unrealistisches Ereignis war, dass es vielmehr mit dem Leben der Menschen, mit unserem eigenen Leben aufs Engste verbunden ist.

4. Zumutung der neuen Welt

»Die Zeit ist erfüllt, das Reich Gottes ist nahe. Kehrt um und glaubt an das Evangelium« (Mk 1,15). Der Autor des Markusevangeliums verzichtet darauf, eine Geburtsgeschichte Jesu aufzuschreiben. Sein Werk setzt erst Jahre später ein, als Jesus bereits erwachsen ist und öffentlich aufzutreten beginnt. Anstelle einer langen Vorgeschichte trifft man bei Markus sofort auf Johannes den Täufer und seine eindringliche Botschaft. Sein Ruf zur Umkehr steht zentral am Anfang. Und damit verbunden die Mahnung, sich auf das Kommen Gottes vorzubereiten, da seine Ankunft in dieser Welt schon unmittelbar bevorsteht. Stall und Engel sucht man am Beginn des Markusevangeliums vergeblich. Stattdessen steht programmatisch ein Mahnruf zum Umdenken am Beginn der ältesten Evangelienschrift.

Den Umkehrruf des Täufers greift Jesus auf. Seine ersten Worte, die uns der Evangelist überliefert, sind einfach und eindringlich zugleich: »Die Zeit ist erfüllt, das Reich Gottes ist nahe. Kehrt um und glaubt an das Evangelium!« (Mk 1,15).

In diesen beiden kurzen Sätzen ist die ganze Botschaft Jesu wie mit einem Brennglas gebündelt und zusammengefasst. Es wird deutlich, um was es Jesus in seiner Verkündigung eigentlich geht: Weil das Reich Gottes nahe gekommen ist, können die Menschen nicht mehr so weitermachen wie vorher. Sie müssen umkehren, ihre Herzen neu Gott zuwenden, ihre Lebenseinstellung radikal verändern. Die unmittelbare Nähe der Gottesherrschaft verlangt ein Überdenken des eigenen Tuns und Handelns. Sie ist herausfordernd und beschenkend zugleich. Sie spornt den Menschen an, sich an Gottes Geboten auszurichten, und ruft den Menschen zur Gemeinschaft mit Gott. Der Ruf Jesu trifft die Menschen direkt ins Herz. So lange schon haben sie sich nach dem Kommen Gottes in diese Welt gesehnt. So lange schon haben sie nach ihm geschrien und sein Eingreifen in die bedrohlichen Verhältnisse dieser Welt erhofft. Und nun steht das Gottesreich in unmittelbarer Nähe. Es ist beinahe zum Greifen. Aber es braucht auch die entsprechende innere Haltung der Menschen. Eine Neuorientierung an Gottes Botschaft ist notwendig.

Jesus ist in diese Welt gekommen, um das Gottesreich bereits im Hier und Heute zu realisieren. Indem er Kranke von ihren Leiden heilt, schafft er schon auf Erden ein Stück dieser neuen Welt, in der es keine Krankheit und keine Einschränkung des Menschen durch Schmerzen mehr gibt. Er lädt alle Menschen ein, mit ihm zu Tisch zu sitzen und zu essen – besonders jene Menschen, die von der Gesellschaft ausgegrenzt und verachtet werden. Personen, die in den Augen ihrer Mitmenschen keine Würde mehr besitzen, stellt Jesus in die Mitte seiner Predigt und verheißt gerade ihnen die nahe gekommene Gottesherrschaft. Die neue Welt, die Jesus ankündigt, ist von einer solchen Andersartigkeit, dass sie die Menschen überfordert und zum Widerstand ruft. Ihrer Meinung nach kann es nicht angehen, dass das Reich Gottes nicht zuerst den Frommen und Gläubigen gilt. Sie vertrauen auf ihre eigene Selbstgerechtigkeit und meinen, sich Gottes Nähe durch Opfergaben und Geldspenden erkaufen zu können. Sie sind der festen Überzeugung, dass sie die Ersten sind, die in Gottes Reich eingehen dürfen, weil sie seine Gebote haarklein beachten und darauf bedacht sind, dass keines der Gesetze übertreten wird. So gerät auch der Verkündiger der Frohbotschaft mit den Schriftgelehrten in Konflikt, weil er die Schriften anders auslegt. Für ihn steht zentral die Zuwendung zum Nächsten, der in Not ist, im Mittelpunkt der Schrift. Von dort ausgehend legt Jesus alles andere aus und setzt damit einen anderen Maßstab, als es die Schriftgelehrten tun. Jesus rückt den Menschen mit seiner Verletzlichkeit und seiner Ohnmacht in die Mitte und sagt gerade ihm die heilende Kraft des Gottesreiches zu.

»Mit dem Reich Gottes ist es wie …«: So beginnt Jesus zahlreiche Gleichnisse, in denen er das Gottesreich mit einem alltäglichen Gegenstand oder einer aus dem Leben gegriffenen Geschichte vergleicht. Das Reich Gottes ist wie ein Senfkorn (vgl. Mk 4,30–32): Zunächst klein, unscheinbar und unwirklich, wächst es langsam in die Höhe empor und breitet sich unaufhaltsam aus. Das Reich Gottes ist wie ein Sauerteig (vgl. Lk 13,20f.): Er durchdringt beständig das ganze Gefäß mit dem Mehl, obwohl man nur eine winzige Menge dazugegeben hat. Mit dem Reich Gottes ist es wie mit einem Mann, der seine Saat auf dem Acker ausbringt und diese ohne sein Zutun gedeiht (vgl. Mk 4,26–29): Gott allein ist es, der aufgehen und wachsen lässt; der Mensch kann nur zusehen und staunen, mit seiner Kraft kann er das Wachsen der Saat nicht beschleunigen. Jesus setzt das Reich Gottes und seinen Anbruch in dieser Welt ins Bild. Er zeigt dadurch, dass das Gottesreich im Kleinen und Verborgenen beginnt, dass es langsam, aber beständig kommt. So klein das Senfkorn auch ist, so groß ist doch auch der Baum, der daraus hervorwächst. Am Anfang aber steht das Geringe, das mit den Augen kaum Sichtbare. Das ist einer der zentralen

Aspekte, wenn es um den Anbruch des Gottesreiches geht: Es kommt in den kleinen Dingen des Lebens, in den manchmal so unbedeutenden Handlungen, im kleinen bisschen Liebe, das wir dem Nächsten erweisen.

Vielleicht hat die Predigt Jesu gerade deshalb den Unmut vieler Menschen erregt. Immerhin waren es nicht wenige, die auf ein Kommen des Messias in Herrlichkeit und Macht warteten. Das Reich Gottes muss doch mit politischen Umstürzen in dieser Welt anbrechen, meinten sie. Sie hofften, dass sich die oftmals unmenschlichen Verhältnisse in der Gesellschaft schlagartig verändern. Das Gottesreich wie es die Propheten vorhergesagt haben, geht doch mit einer beinahe utopischen Vorstellung einher: »Der Wolf findet Schutz beim Lamm, der Panther liegt beim Böcklein. Kalb und Löwe weiden zusammen, ein kleiner Junge leitet sie. Kuh und Bärin nähren sich zusammen, ihre Jungen liegen beieinander. Der Löwe frisst Stroh wie das Rind. Der Säugling spielt vor dem Schlupfloch der Natter und zur Höhle der Schlange streckt das Kind seine Hand aus. Man tut nichts Böses und begeht kein Verbrechen auf meinem ganzen heiligen Berg« (Jes 11,6–9a). – Das ist doch die Vorstellung vom Gottesreich, die den Menschen so lebendig vor Augen steht. Das ist doch die Hoffnung, die zur Zeit Jesu so viele in der Gesellschaft hegen: eine Welt, in der es keine Kriege und keine Unterdrückung mehr gibt; eine Welt des Friedens und der Eintracht, der gegenseitigen Hochschätzung. Hoffnung auf das Reich Gottes, das den paradiesischen Urzustand wiederherstellt und dabei alles Böse und Schlechte aus dieser Welt ein für alle Mal beseitigt. Das ist der Traum der Menschen, die Sehnsucht, die immer größer wird.

Die Hoffnung auf eine solche Welt, wie sie der Prophet Jesaja beschreibt – wie groß ist sie nicht auch heute noch? Während in

Aleppo Menschen in den Trümmern der zerstörten Stadt um ihr Überleben kämpfen, werden in anderen Teilen Syriens Christen von den Kämpfern des sogenannten Islamischen Staates auf grausame Weise hingerichtet und enthauptet. Aufgrund ihres Glaubens müssen sie sterben; weil sie an die unmittelbar bevorstehende Gottesherrschaft glauben, werden sie von den selbsternannten Machthabern in dieser Welt getötet. Der Terror versetzt die Welt in Angst und Schrecken und es bleibt die ewige Frage, wann und wie man dieser Unsicherheit endlich ein Ende setzen kann.

Auch im Land der Bibel selbst ist der Traum nach dem verheißenen Reich Gottes immer noch lebendig. Denn gerade hier gibt es noch so viel Hass, Misstrauen und neu aufflammende Gewalt. Die Konflikte um den Gazastreifen sind noch lange nicht an ein Ende gekommen. Wer weiß schon, wann wieder die Bomben fliegen und die notdürftig errichteten Unterkünfte wieder zerstört werden? Auch im palästinensischen Autonomiegebiet kommt es zu gewalttätigen Ausschreitungen, bei denen nicht wenige Menschen ihr Leben lassen mussten. Die Einwohner fühlen sich von der israelischen Besatzermacht drangsaliert und willkürlich behandelt. Sie fordern ein selbstbestimmtes Leben in Ruhe und Sicherheit ein und werden doch beständig zurückgeworfen. Selbst im israelischen Kernland ereignen sich Attentate und Angriffe auf Zivilisten, die nicht selten für viele Menschen tödlich enden. Es gibt keinen Frieden im Heiligen Land. Das ist die traurige Realität, die uns einholt und sprachlos macht. In dem Land, in dem der Friedensfürst zur Welt gekommen ist, ist so wenig spürbar von einem wohlwollenden Miteinander der Volksgruppen und Religionen in gegenseitiger Anerkennung und Hochschätzung. Vielmehr steht der Streit um

Besitzansprüche an erster Stelle, der Kampf um die Vorherrschaft in einem Gebiet und die Frage, wem denn nun das Land gehört. Was dabei auf der Strecke bleibt, sind die Bemühungen, politische Lösungen zu finden, bei denen keiner benachteiligt wird und jeder in offener Art seinen Standpunkt äußern kann. Dass man dabei manchmal auch um Ergebnisse ringen muss, liegt auf der Hand. Ebenso wie die Tatsache, dass man um des Friedens willen Kompromisse eingehen muss, bei denen jede Partei von ihrem Standpunkt abrückt. Weil die Hoffnung auf Frieden und Versöhnung von so vielen Menschen lebendig gehalten wird, bleibt die Sehnsucht nach einem Leben in Eintracht und Sicherheit spürbar.

Zwar ist die Ukraine längst wieder aus den Berichten der Tageszeitungen und Nachrichtensendungen verschwunden, dennoch dauert der schreckliche Krieg noch weiter an. Seit dem Ausbruch der blutigen Konflikte im Februar 2014 sind dort mehr als 9000 Menschen getötet worden, über 20 000 Menschen wurden verletzt. Diese Zahlen sind erschreckend und beunruhigend. Sie zeigen, dass Kriege auch weiter andauern, wenn unsere Medien über diese Auseinandersetzungen bereits wieder schweigen. Die Zustände im Kriegsgebiet sind geprägt von mangelnder humanitärer Hilfe und dem unaufhaltsamen Drang der Menschen, sich aus dem unsicheren Schauplatz der Gewalt in friedvolles Gebiet zu flüchten. Die Berichte über Kriegsverbrechen wie Massenexekutionen und Folter lassen aufhorchen. Sie zeigen, wie grausam die Lage in Wirklichkeit ist. Und sie machen deutlich, wie groß die Katastrophen sind, die sich selbst bei uns in Europa abspielen. Längst sind wir mittendrin in den Konflikten und nur wenige Flugstunden von den brisanten Orten entfernt, an denen das gewaltsame kriegerische Vorgehen das Leben tausender Menschen einfordert. Ob das Leben in der Ukraine und den angrenzenden Gebieten jemals wieder in Frieden möglich sein wird? Ob die Überlebenden jemals die Gewalt vergessen werden, mit der sie nach der Eskalation der Auseinandersetzungen behandelt wurden? Der Traum von der neuen Welt, die Hoffnung auf ein friedliches Miteinander der verfeindeten Parteien, ist auch hier lebendig wie selten zuvor.

Im eigenen Land spüren wir seit einiger Zeit Unbehagen im Blick auf die aktuelle Situation. Menschen, die hier bei uns Zuflucht suchen, weil sie zu Hause vertrieben wurden, wird die Aufnahme verweigert. Unterkünfte für Flüchtlinge werden angezündet, um ein sichtbares Zeichen zu setzen, dass solche Menschen in unserem Land unerwünscht sind. Der Ausländerhass nimmt maßlos zu und äußert sich in Parolen, die für ein Land, in dem das Grundgesetz die Unantastbarkeit der menschlichen Würde betont, untragbar sind. Die ganze Gesellschaft scheint sich mehr und mehr zu spalten in jene, die sich mit größter Fürsorge um das Wohl der Flüchtlinge bemühen, und jene, die immer aufs Neue betonen, dass die Aufnahme von Migranten ein Ende haben muss. Während die einen ihrem Ärger über die Flüchtlingspolitik der Bundesregierung durch öffentlichen Protest Luft machen, setzen andere dem ein Zeichen der Nächstenliebe entgegen. Sie schaffen Räume, in denen die Menschen, die eine lange und anstrengende Reise hinter sich haben, ausruhen und neue Kraft schöpfen können. Sie setzen sich dafür ein, dass fremde Menschen in bestehende Gemeinschaften integriert werden und so hier, im unbekannten Land, ein Stück Heimat erfahren dürfen. Das Land ist durch diese prekäre Situation an seine Grenzen geraten. Fragen werden aufgeworfen, die man sich angesichts der brisanten Lage stellen muss, deren Beantwortung aber grundsätzliche ethische und humanitäre Entscheidungen verlangt. Im Letzten stehen wir vor der Nagelprobe für unser Grundgesetz, aber auch für unser christlich geprägtes Europa. Denn zu den unveräußerlichen Menschenrechten gehört eben auch das Grundrecht, in anderen Ländern vor Verfolgung Asyl zu suchen und zu genießen. Und die biblischen Texte rufen nicht nur zu Selbst- und Nächstenliebe auf, sondern betonen explizit die Liebe zum Fremden (vgl. Dtn 10,19). Wie schön wäre es nicht, in einer Welt zu leben, in der es keine solchen Fragen mehr gibt? In der jeder eine unantastbare Würde besitzt, die nicht zur Debatte steht, die nicht angreifbar ist? Die Sehnsucht nach einer Welt, in der die Menschen friedlich zusammenleben, in der es keinen Streit mehr gibt – diese Sehnsucht ist auch in unserer Gesellschaft so unendlich groß.

Die neue Welt ist das Reich Gottes, das anzukündigen Jesus in diese Welt gekommen ist. Dieses Reich des Friedens, der Liebe und der gegenseitigen Anerkennung ist im Anbruch. Jesus selbst hat es den Menschen deutlich gesagt: »Wenn ich aber die Dämonen durch den Finger Gottes austreibe, dann ist das Reich Gottes schon zu euch gekommen« (Lk 11,20). Ja, das Reich Gottes ist schon mitten unter den Menschen. Es ist schon in greifbare Nähe gerückt. Seine endgültige Verwirklichung steht zwar noch aus, aber bruchstückhaft kann es schon heute, in dieser Welt real werden. Das Reich Gottes ist schon da: Das bedeutet, die Menschen werden nicht hingehalten, sondern im Hier und Jetzt mit der Wirklichkeit der neuen Welt konfrontiert. Das fordert aber auch die entsprechende Reaktion ein. Wenn das Gottesreich schon heute präsent ist, dann gilt es auch heute schon zu handeln. Dann kann man sich nicht auf morgen vertrösten und sich einreden, alles habe noch Zeit. Dann ist man jetzt augenblicklich in die Entscheidung gerufen. Paulus bringt es im ersten Korintherbrief auf den Punkt: »Die Zeit ist kurz« (7,29; wörtlich übersetzt: »Die Zeit ist zusammengedrängt«). Jetzt ist der Moment, sein eigenes Handeln an der Botschaft Gottes auszurichten, weil man schon jetzt in seinem Reich zu leben beginnt.

Weihnachten mutet uns diese neue Welt zu. Denn es stellt den in den Mittelpunkt, dessen ganzes Leben ein Zeichen für diese nahe gekommene Gottesherrschaft ist. An Weihnachten feiern wir die Geburt dessen, der selbst zum Anbeginn der neuen Schöpfung geworden ist und in dem alles im Himmel und auf Erden erschaffen wurde (vgl. Kol 1,15f.). Mit Weihnachten hat die neue Welt ihren Anfang genommen. Nun gibt es kein Zurück mehr. Nun ist wieder alles auf Anfang gesetzt. Maria, die Mutter Jesu, wird zur neuen Eva, zur Mutter alles Lebendigen. Dem Menschen steht im Kind in der Krippe der Zugang zum ewigen Leben offen. Der Weg zum Paradies, aus dem der erste Mensch verstoßen wurde, ist durch Jesus wieder geöffnet. So heißt es dann auch in einem unserer alten Weihnachtslieder: »Heut schließt er wieder auf die Tür / zum schönen Paradeis; / der Kerub steht nicht mehr dafür. / Gott sei Lob, Ehr und Preis, / Gott sei Lob, Ehr und Preis« (GL 247, 4. Strophe). Die neue Welt steht im Zentrum des Weihnachtsgeschehens. Sie ist Geschenk und Zumutung zugleich, Gabe, aber vor allem auch Aufgabe und Herausforderung für jedes Leben, das sich der Feier der Weihnacht stellt.

In der lukanischen Weihnachtserzählung selbst wird der Anbruch der neuen Welt von den Engeln ins Wort gebracht. Einer dieser himmlischen Boten erscheint den Hirten, die inmitten der Nacht bei ihren Schafen Wache halten. Der Engel ruft den erschrockenen Hirten zu: »Fürchtet euch nicht, denn siehe, ich verkünde euch eine große Freude, die dem ganzen Volk zuteilwerden soll: Heute ist euch in der Stadt Davids der Retter geboren; er ist der Christus, der Herr« (Lk 2,10f.).

Für unsere Ohren ist diese Botschaft nicht neu. Jedes Jahr wird uns in der Heiligen Nacht das Evangelium von der Geburt Jesu verkündet. Und jedes Jahr hören wir es wieder: »Heute ist euch der Retter geboren.« Dieses »heute« hat für die Hirten damals eine völlig neue Perspektive eröffnet. Plötzlich sind sie herausgerissen aus dieser alten Welt, in der sie ihr Leben und ihren Alltag gestalteten. Sie lebten am Rand der Gesellschaft, sie verbrachten ihre Tage unter der römischen Oberherrschaft, die das ganze Land ausbeutete. Wer weiß, wie oft sie den Text aus dem Propheten Jesaja gelesen haben, der vom Anbruch der neuen Welt spricht. Und wie sehnsüchtig sie das Kommen des Retters erwartet haben. Wir können nur erahnen, in welcher Armut sie lebten und wie sehr sie unter der Last der politischen Herrschaft stöhnten.

Die Schriften des Alten Bundes aber kannten sie und wussten, dass die Hoffnung auf die Errettung durch Gott stärker ist als alle Knechtschaft und Unterdrückung. Die Befreiung des Volkes Israel aus dem Sklavenhaus Ägypten feierten sie Jahr für Jahr am Pessach-Fest. Und auch das Ende des babylonischen Exils und die Rückführung in das Heimatland waren ihnen bekannt. Ihre Hoffnung war noch nicht erstorben. Aber sie war sicherlich auf eine harte Probe gestellt. Und nun, mitten in diese Resignation vor den elenden Verhältnissen dieser Welt hinein, spricht der Engel sein »heute«.

»Heute ist euch der Retter geboren«: Nicht morgen oder übermorgen oder in der fernen Zukunft kommt er. Die Hirten werden nicht wieder und wieder vertröstet. Jetzt ist es soweit. Jetzt ist der Heiland in diese Welt gekommen. Jetzt stehen die Hirten in der Entscheidung, das Leben in der neuen Welt zu beginnen oder weiterhin ihr altes Leben fortzuführen. Das Gottesreich ist für die Hirten zur greifbaren Wirklichkeit geworden. Sie dürfen in der neuen Welt leben, weil sie hingehen zum Stall, vor dem Kind auf die Knie fallen und der Botschaft des Engels glauben. »Ehre sei Gott in der Höhe und Friede auf Erden den Menschen seines Wohlgefallens« (Lk 2,14): Frieden den Menschen und Gott die Ehre. Das sind die zentralen Grundpfeiler dieser neuen Welt, die in das Leben der Hirten hineingebrochen ist. Friede den Menschen: nicht Streit und Zwietracht und immer neue Methoden, um die Bevölkerung zu unterdrücken und ruhig zu halten. Frieden zwischen den Völkern, zwischen den Herrschenden und den Einwohnern der Länder, zwischen Nachbarn, Freunden und Verwandten. Und Ehre alleine dem höchsten Gott: nicht den Königen und Kaisern, nicht den Starken und Mächtigen dieser Welt, sondern alleine ihm, der wirklich und wahrhaftig der allmächtige Herrscher des Himmels und der Erde ist. Das ist der Anbeginn der neuen Welt. Das ist die Frohbotschaft, die den Hirten in der Nacht von Betlehem verkündigt wird.

Die Hirten begegnen im Kind in der Krippe der neuen Welt. Sie lassen sich ein auf die Gottesherrschaft und bekommen selbst Anteil daran. Ein winziges Detail in der Weihnachtsgeschichte des Lukas macht dies augenfällig deutlich. In unseren deutschen Übersetzungen sticht dies nicht sonderlich hervor, ein Blick in den griechischen Urtext des Neuen Testaments ist notwendig. In Lk 2,14 ist das Lied des Engelchores wiedergegeben: »Ehre (griech. »doxa«) sei Gott in der Höhe.« Und später, als die

Hirten wieder von der Krippe weggehen und zu ihrer Herde zurückkehren, schreibt Lukas: »Und die Hirten kehrten zurück, priesen (griech. »doxazontes«) und lobten Gott für alles, was sie gehört und gesehen hatten, wie es ihnen gesagt worden war« (2,20).

Zweimal benutzt Lukas dieses Wort »doxa/Ehre«. Zunächst im Zusammenhang des Gesanges der Engel, die vom Himmel herabkommen und den Hirten die Geburt des Heilands verkünden. Aber dann legt er es den Hirten selbst in den Mund, die nach dem Besuch im Stall von Betlehem wieder an ihre Arbeit gehen. Die Hirten selbst sind zu Engeln geworden, zu Boten der neuen Welt. Die Begegnung mit dem Kind in der Krippe hat sie so sehr verändert, dass sie nicht anders können, als die Botschaft, die sie von den Engeln empfangen haben, weiterzusagen. Die Konfrontation mit der neuen Welt, die in Jesus Christus Mensch geworden ist, hat sie zu einer konkreten Handlung angeleitet. Weil die Ankunft des Gottesreiches in dieser Welt keine Vertröstung auf morgen ist, können die Hirten das »heute« zu ihren Mitmenschen bringen und ihnen weitersagen, was sie selbst erfahren durften: »Heute ist uns der Retter geboren«, heute ist mitten in dieser alten, so elendigen Welt das Reich Gottes angebrochen.

Wenn wir Weihnachten in einer Welt feiern, die geprägt ist von kriegerischen Auseinandersetzungen, von blutigen Konflikten und der Frage nach dem Umgang mit den unzähligen Flüchtlingen, dann müssen wir uns der Zumutung der neuen Welt stellen. Weihnachten heißt nicht, dass mit der Geburt des Kindes alles Böse und Schlechte sofort aus der Welt geschafft wäre. Das war, wie wir heute noch sehen können, nicht der Fall. Weihnachten bedeutet auch nicht, dass sich die neue Welt, die eine Welt des Friedens und des Lebens ist, automatisch und von selbst verwirklicht. Beim Blick in unsere Welt sehen wir noch so viel Unfrieden, Hass und Neid. Mit der Geburt des Kindes von Betlehem ist nicht die Vollendung der neuen Welt geschehen, aber ihr Anfang ist gesetzt. Und er ist nicht mehr wegzuschaffen und kann nicht mehr geleugnet werden.

Das bedeutet in der Konsequenz, dass wir es selbst in der Hand haben, die neue Welt mehr und mehr zur Realität werden zu lassen. »Die Zeit ist erfüllt, das Reich Gottes ist nahe. Kehrt um und glaubt an das Evangelium« (Mk 1,15): Das Reich Gottes hat schon angefangen, es ist schon da. Aber es muss größer werden – durch unser Tun, durch unser Wirken in dieser Welt. Wir leben in der »Fülle der Zeiten«, in der wir durch den Sohn Gottes ebenfalls zu Söhnen des ewigen Vaters werden (vgl. Gal 4,4–6) und untereinander zu Schwestern und Brüdern. Das heißt, dass wir Verantwortung für das Wohl des Nächsten übernehmen müssen. Dass wir selber unseren Beitrag zum Frieden und zu einer gerechten Gesellschaft leisten müssen. Das Reich Gottes ist kein Selbstläufer. Es bricht nur dort an, wo Menschen sich mit ihrer ganzen Kraft dafür einsetzen. Wo Menschen anfangen, in neuen Kategorien zu denken, die niemanden mehr ausschließen und den Nächsten nicht nach äußeren, selbst erdachten Kriterien beurteilen. Und wo der oberste und einzige Maßstab die Liebe ist, die niemanden ausgrenzt und jedem uneingeschränkt gilt.

Kann man angesichts der bedrohlichen Zustände in der Ukraine, im Heiligen Land, in Deutschland, noch ein frohes Weihnachten feiern? Vielleicht ist die Feier von Weihnachten gerade an den Orten, an denen die Not am größten ist, am notwendigsten. Sicher wird es kein kitschig-romantisches Weihnachten. Aber es kann ein Fest werden, an dem sich die neue Welt mitten zwischen Panzern und Granaten hineindrängt. Ein Fest, das die Hoffnung lebendig hält, dass das Reich Gottes hier schon anbrechen kann. Ein Fest, das uns aber auch jedes Jahr aufs Neue ermahnt, das eigene Leben in den Blick zu nehmen. Zu überlegen, wann und wo ich selbst mithelfen kann, damit die neue Welt sich mehr und mehr durchsetzt. Weihnachten wird ein frohes Fest für alle Menschen auf dieser Welt, wenn wir uns der Zumutung der neuen Welt stellen und an ihrer Verwirklichung tatkräftig mitarbeiten.

Die Botschaft des Engels aus dem Weihnachtsevangelium kann hierbei tröstlich und hoffnungsvoll zugleich wirken: »Heute ist euch der Retter geboren.« Heute können wir das Reich Gottes in diese Welt bringen. Heute können wir den Frieden aufrichten und aller Gewalt ein Ende setzen. Wir sind dazu ermächtigt, weil Gott selbst uns in Jesus Christus die Macht dazu gegeben hat. »Aus seiner Fülle haben wir alle empfangen, Gnade über Gnade« (Joh 1,16), heißt es im Johannesprolog. Er teilt sich uns aus, damit wir selbst kraftvoll werden, ihn und sein Leben weiterzugeben. Christsein lebt von der Sorge um den anderen, vom aufopfernden Dienst am Nächsten. Wenn dieser heute vollzogen wird, dann wächst das Reich Gottes und wird größer. Dann bleibt es nicht für sich allein, sondern bringt Frucht und lässt den anderen Anteil haben am Leben.

Weihnachten ist nicht der Endpunkt oder die Vollendung der neuen Welt. Es ist vielmehr ihr Anfang und Beginn, der nicht mehr geleugnet werden kann. Ein Anfang, der nach einer Fortsetzung verlangt und jeden anfragt, der sich der Zumutung der neuen Welt stellt.

5. Zumutung der Liebe

Als wundervollen Traum von Liebe und Frieden besingt die US-Amerikanerin Melanie Thornton das Weihnachtsfest. Seit der Erstveröffentlichung im Jahr 2001 spielen die Radiosender das Lied der bei einem Flugzeugunglück ums Leben gekommenen Sängerin. Liebe und Frieden, ein Leben in Harmonie und Ausgeglichenheit, freudig und fröhlich, weil man das Leben doch eigentlich nur feiern kann: Das ist der Traum der Weihnacht. Das ist die Botschaft des Liedes, das aus den Lautsprechern der Weihnachtsmärkte in die Welt hinausgeht.

Weihnachten, so sagen viele Menschen, ist das Fest der Liebe. In den verschiedensten Geschenken, die sie an Freunde und Verwandte überreichen, findet diese Liebe einen sichtbaren Ausdruck. Weil man dankbar ist, dass es den anderen gibt, beschenkt man ihn. In buntes Geschenkpapier eingewickelt, geben sie ihre Liebe weiter. Denn wen drängt es nicht, seine Liebe mit anderen zu teilen? Auch wenn dieses liebende Annehmen des Nächsten ein singuläres Ereignis im Jahreslauf ist – ein Weihnachten ohne Geschenke ist doch undenkbar!

Wer weiß, wie viele Menschen sich vom Traum Melanie Thorntons haben anstecken lassen und sich nichts sehnlicher wünschen als Liebe und Frieden. Dabei wird vieles unternommen, um das Fest der Liebe angemessen zu begehen. Wenigstens am Heiligen Abend versucht man, eine kleine Idylle unter dem Christbaum zu schaffen. Die ganze Familie ist einträchtig an einem Tisch versammelt. Erst kommt das gegenseitige Beschenken und dann die gemeinsame Feier. Doch auch den Menschen, mit denen man nicht so gut auskommt, wünscht man ein frohes Weihnachtsfest und einen guten Rutsch ins neue Jahr. Denn es scheint sich zu verbieten, dass man an Weihnachten streitet oder gar ein böses Wort gegenüber dem anderen fallen lässt. Das Fest der Liebe zu feiern, heißt doch jeden zu lieben, jeden zu respektieren, jeden freundlich und zuvorkommend zu behandeln – zumindest für einen Tag im Jahr. Dann ist der Traum von der friedvollen Weihnacht in Erfüllung gegangen. Was wünscht man sich weiter? Das große Ziel scheint erreicht, der Traum Wirklichkeit geworden.

»Gott ist die Liebe«, schreibt der erste Johannesbrief (4,8). Gott selbst ist mit seinem ganzen Wesen Liebe. Er liebt nicht nur, sondern er *ist* Liebe. Das ist die Grundbotschaft unseres christlichen Glaubens: dass Gott aus Liebe die Welt erschaffen hat, sie in Liebe erhält und am Ende der Zeiten aus Liebe seinen Sohn in diese Welt sendet, um die Welt zu retten (vgl. Joh 3,17). Der Gott, der Liebe ist, wird an Weihnachten für uns und zu unserem Heil Mensch. Die Liebe Gottes nimmt menschliche Züge an, sie bekommt Hand und Fuß. Deswegen darf man mit Fug und Recht Weihnachten als Fest der Liebe bezeichnen. Als Fest, das ganz und gar unter dem Vorzeichen der Liebe steht und ohne Liebe gar nicht zu verstehen ist.

Wenn wir auf das Leben Jesu blicken, nimmt die Liebe Gottes noch konkretere Formen an. Denn Jesus selbst lebt die Liebe seines himmlischen Vaters. Jeden Menschen nimmt Jesus an und hört, was er ihm zu sagen hat. Die Kranken heilt er von ihren Leiden und Schmerzen. Den Hoffnungslosen eröffnet er durch seine Predigt neue Perspektiven. Die Schwachen richtet er auf und gibt ihnen neue Kraft, durch dieses Leben zu gehen. Den Toten schenkt er das Leben und ruft sie aus ihren Gräbern heraus. Jesus lebt die Liebe. Eine Liebe, die keine Grenzen kennt, die nicht nach dem Hörensagen urteilt oder nach dem bloßen Augenschein entscheidet. Liebe, die nicht brüchig und zerbrechlich ist, die nicht an so vielen Widerständen zu scheitern droht. Die Liebe Gottes, die in Jesus Christus Mensch geworden ist, hält allem stand.

Es mag kaum verwunderlich sein, dass Jesus sich mit seinem liebevollen Handeln nicht nur Freunde schafft. Denn wie kann es sein, dass ein Mensch auch seine Feinde liebt? Wie kann es möglich sein, dass man dem, der einem ins Gesicht schlägt, auch die andre Wange hinhält – und nicht selbst zurückschlägt? Die Logik der Liebe entzieht sich dem menschlichen Begreifen. Denn menschliche Liebe ist so oft berechnend und egoistisch. Sie hört auf, wenn es hart auf hart kommt, und fehlt an den Stellen, an denen sie eigentlich am größten sein müsste. Jesus durchbricht mit seinem Tun und Handeln diese vorgegebenen Strukturen und orientiert sich ganz und gar an der Liebe Gottes. Sie ist für ihn der einzige Maßstab, nach dem Handlungen und Menschen beurteilt werden dürfen. Es darf nicht um Eigennutz und hausgemachte Ideen gehen, wenn man den anderen liebt. Denn das wäre eine falsch verstandene Liebe, ein fatales Missverständnis dessen, was Liebe eigentlich sein soll.

Im Abendmahlssaal, wenige Stunden vor seinem Tod, drängt es Jesus, den Jüngern sein Testament mit auf den Weg zu geben. Was er ihnen zu sagen hat, ist so einfach und schwierig zugleich: »Wie mich der Vater geliebt hat, so habe auch ich euch geliebt. Bleibt in meiner Liebe! (…) Das ist mein Gebot, dass ihr einander liebt, so wie ich euch geliebt habe. (…) Dies trage ich euch auf, dass ihr einander liebt!« (Joh 15,9.12.17) Über seinen Tod hinaus gibt Jesus den Jüngern nichts mit als den Auftrag der gegenseitigen Liebe. Das ist der zentrale Punkt seiner ganzen Verkündigung und seines ganzen irdischen Lebens. Am Abend vor seinem Leiden legt er dies in aller Deutlichkeit dar. Liebe – und sonst nichts. Das klingt zunächst doch ziemlich einfach, wenn man das einmal mit den komplexen Gleichnissen vergleicht, die Jesus den Menschen teilweise zumutet. Er sagt geradeheraus, was sein Vermächtnis an die Jünger ist. Und dies stellt die Jünger vor immer neue Schwierigkeiten und bringt sie an ihre Grenzen. Denn so einfach ist das nicht, jeden zu lieben und immer allen Liebe zu erweisen. Das ist vielmehr eine Herausforderung, an der man oft zerbricht, weil es so kompliziert ist, ihr wirklich gerecht zu werden. Somit sind die letzten Worte Jesu an seine Jünger alles andere als eine leichte Kost. Sie fordern ein völliges Umdenken, ein Ablassen vom rein menschlichen Denken, in dem die Liebe oft nur minimal zum Vorschein kommt.

Die Liebe manifestiert sich schon in den frühesten Jahren zum Erkennungszeichen der Christen. Schon in der Apostelgeschichte wird die Urgemeinde als Liebesgemeinschaft beschrieben. Dort heißt es: »Die Menge derer, die gläubig geworden waren, war ein Herz und eine Seele« (4,32). Und der Schriftsteller Tertullian schreibt im 2. Jahrhundert, die Heiden hätten sich zum christlichen Glauben bekehrt, weil sie von der Liebe der Christen beeindruckt gewesen waren. »Seht, sagen sie (die Heiden, FB), wie sie (die Christen, FB) einander lieben« (vgl. Apologeticus 39 § 7). Der Auftrag Jesu zur gegenseitigen, ungeteilten Liebe war für die frühen Christen ein hehrer Anspruch, den sie in ihrem Leben zu verwirklichen versuchten. Dass dies nicht immer gelungen sein mag, muss man nicht eigens betonen. Aber sie haben dennoch versucht, ihren Herrn und Meister Christus Jesus in der Liebe nachzufolgen. Sie haben sich das zu Herzen genommen, was Paulus an die Gemeinde von Ephesus schreibt: »Ahmt Gott nach als seine geliebten Kinder und führt euer Leben in Liebe, wie auch Christus uns geliebt und sich für uns hingegeben hat« (5,1f.).

In unserer heutigen Zeit ist die Liebe zu einem kostbaren Gut geworden. Oft muss man schon genau hinschauen, um Menschen zu finden, die aus reiner Liebe den Dienst am Nächsten verrichten. Auch die Liebe zwischen Mann und Frau ist brüchig geworden. Viele Ehen scheitern, Paare trennen sich, die große Liebe hat keinen Bestand. Und so kann man in unserer Gesellschaft eine zunehmende Lieblosigkeit beobachten, die oftmals von Hass und Feindseligkeit verdrängt wird.

Der Name Dominik Brunner steht beispielhaft für die Verrohung der Sitten und die zunehmende Gewaltbereitschaft. Weil er eine Gruppe von Schülern, die von drei Jugendlichen an einem Münchner S-Bahnhof bedrängt wurden, schützen wollte, musste er selbst sein Leben lassen. Sein liebevolles Eintreten für das Wohl des Nächsten, seine Sorge um die jungen Schüler wurde ihm zum Verhängnis. Auf grausige Art und Weise wurde Dominik Brunner ermordet und Opfer eines sinnlosen Gewaltausbruchs. Ein Aufschrei nach mehr Sicherheit ging durch die Gesellschaft, der Ruf nach härteren Strafen wurde laut. Doch dies alles zusammen zeigt, wie Menschen, die Zivilcourage zeigen, sich immer mehr selbst gefährden und das eigene Leben riskieren. Wer seine Stimme gegen Gewalt und Hass erhebt, der macht sich selbst zum Feind und setzt sich freiwillig an die Stelle derer, die das eigentliche Opfer der Abneigung sind. Wer für die Liebe zum anderen eintritt, der muss mit Konsequenzen rechnen. Dabei kann es doch nicht angehen, dass man Angst haben muss, wenn man anderen Menschen helfen will. Es darf nicht sein, dass sinnlose und willkürliche Gewaltausbrüche auf der Tagesordnung einer Gesellschaft stehen, die erst den Mund aufmacht, wenn es zu spät ist. Liebendes Handeln kennt keine Gewalt und keinen Hass. Wo es Liebe unter den Menschen gibt, da steht man füreinander ein – und das, ohne Gefahr zu laufen, selbst zum Betroffenen der Gewalt zu werden.

Im September 2015 sorgte ein Bild, das in den Medien rasch verbreitet wurde, für große Betroffenheit. Es zeigte einen kleinen Jungen, der mit einer blauen Hose und einem roten T-Shirt bekleidet tot am Strand der türkischen Stadt Bodrum angespült worden war. Der Junge war syrischer Abstammung. Seine Familie versuchte, über das Mittelmeer nach Europa zu fliehen. Als dabei das Boot kenterte, gingen zahlreiche Menschen über Bord und ertranken im Meer, da es nicht genügend Rettungswesten gab. Der Junge, der auf tragische Weise ums Leben gekommen ist, war nur einer von so vielen Flüchtlingen, die im Mittelmeer den Tod finden. Das Foto, das sich wie ein Lauffeuer in der Presse und den sozialen Medien verbreitete, war für einen Großteil der Gesellschaft zutiefst schockierend. Es zeigte deutlich die drastische Situation, der sich die Menschen aussetzen, die über das Mittelmeer nach Europa flüchten. Es stand aber programmatisch auch für die fehlende Anteilnahme und für das mangelnde Interesse am traurigen Schicksal der Menschen, die mit allen Mitteln versuchen, hier bei uns ein neues Leben zu beginnen. Denn was ist das für eine Welt, in der Kinder tot am Strand angespült werden? Wie kann das Mittelmeer zugleich ein beliebter Urlaubsort und Grab für Tausende sein?

Der Gebrauch der sozialen Netzwerke legt eine neue Form der Lieblosigkeit und des Hasses frei: Das gemeinsame Vorgehen gegen eine Person mit oft überzogener und harter Kritik, mit Beleidigungen und Demütigungen wird unter dem Begriff »Shitstorm« gefasst. Dabei wirkt sich der Schutz der Anonymität, der im Internet gegeben ist, häufig fatal aus. Die Grenzen werden beinahe automatisch überschritten. Es gibt keine Wertschätzung der anderen Person mehr, noch wird auf die Würde des anderen geachtet. Vielmehr lässt man der eigenen Aggression freien Lauf und spricht Dinge aus, die einem im Angesicht der anderen Person nie über die Lippen gehen würden. Das Phänomen des Shitstorms zeigt, wie schnell man den Respekt verlieren kann, wenn man sich in einem geschützten Raum befindet. Und es macht deutlich, wie man sich vom Hass der Gruppe anstecken lassen kann und selbst zum Mitläufer wird. Was dabei jedoch auf der Strecke bleibt, ist der liebevolle Umgang mit dem Nächsten, auch wenn dieser einen Fehler begangen hat. Eine öffentliche Rüge mit einer unangebrachten und verletzenden Wortwahl schadet nicht nur dem anderen, sondern im Letzten auch der eigenen Person. Im Internet getätigte Äußerungen können von allen eingesehen werden. Sie zeigen am Ende, wie sich Menschen verhalten, wenn sie den sozialen Raum verlassen und im Cyberspace als anonyme Persönlichkeiten agieren. Die Töne werden wesentlich rauer und es erweckt den Anschein, als sei in den sozialen Netzwerken alles erlaubt: Beleidigungen, Beschimpfungen und vulgäre Hassausbrüche. Die sozialen Netzwerke bergen Gefahren, vor denen sich niemand mehr schützen kann. Sie werden immer mehr zu Foren, in denen sich Mobbing und psychische Gewalt gegen unschuldige Personen abspielt. Zu einem Ort, an dem jedes Verhalten gerechtfertigt und von den Mitstreitern gebilligt scheint.

Was angesichts der immer größer werdenden Brutalität in unserer Welt bleibt, ist die unbedingte Sehnsucht nach Liebe. Denn wo es nur noch Gewalt und Hass gibt, da wird der Mensch selbst seiner Menschlichkeit beraubt und zum bloßen Objekt des Expansionsdrangs der Mitmenschen. Dann gibt es keine Ruhe und keinen Frieden mehr, sondern man läuft ständig Gefahr, sich neuen Angriffen von außen auszusetzen. Die Betroffenheit, die angesichts der an so vielen Orten vorherrschenden Lieblosigkeit hervorgerufen wird, zeigt, dass es den Wunsch nach Veränderung gibt. Sie legt das Verlangen der Menschen nach einem Leben in gegenseitiger Achtung und Wertschätzung frei. Ein Leben, das geprägt ist von einer wohlwollenden Zuwendung zum anderen, auch wenn er sich in Not befindet. Auf die Sehnsucht nach Liebe treffen wir im Leben so vieler Menschen: im Leben derer, die Opfer von Shitstorms und persönlichen Angriffen wurden, ebenso wie im Leben derer, die einsam und verlassen ihr Dasein fristen und keinen haben, der ihnen zur Seite steht. Auf eine neue Liebe hoffen auch Singles und Menschen, deren Beziehung zerbrochen ist. Auch sie erträumen sich einen neuen Partner, der in Liebe die Wege des Lebens mit ihnen geht.

An Weihnachten ist der Traum von der Liebe Wirklichkeit geworden. Gott selbst wird aus Liebe zu uns Menschen ein Mensch. Seine Liebe zur Schöpfung ist so groß, dass er die Menschen retten will aus der Finsternis des Todes und sie in das Licht des Lebens führt. An Weihnachten ist uns »die Güte und Menschenfreundlichkeit Gottes, unseres Retters«, erschienen (vgl. Tit 3,4). Im Kind in der Krippe steht sie uns sichtbar vor Augen. Die Liebe Gottes ist Fleisch geworden, damit wir alle

Anteil an ihr erhalten, damit wir alle in ihm gerettet werden (vgl. Tit 3,5–7). Das unbegreifliche Geheimnis der Weihnacht ist die Tat der unergründliche Liebe des Schöpfers an seiner Schöpfung. Nicht weil Gott irgendwelche Hintergedanken hegt, wird er Mensch. Nicht weil er es nötig hätte, Mensch zu werden, kommt er in diese Welt. Gott wird Mensch aus reiner, unbedingter Liebe. Gott schickt seinen Sohn, damit alle Menschen zu Kindern Gottes werden und aus seiner Fülle das ewige Leben empfangen (vgl. Joh 1,12.16). Weihnachten ist das Fest der Liebe – weil Gott uns allen seine Liebe erwiesen hat.

Weihnachten mutet uns die Liebe zu. Eine Liebe, die unbedingt und nicht berechnend ist. Eine Liebe, die nicht zerbrechen kann, die vielmehr allen äußeren Widrigkeiten standhält. Eine Liebe, die von so völlig anderer Qualität ist als unsere menschliche Liebe, weil sie von dem kommt, der die Liebe ist. Diese Liebe, die an Weihnachten Mensch wird, behält die Liebe nicht für sich, sondern schenkt sie an alle weiter. Am Leben des Jesus von Nazareth können wir ablesen, wie groß die Liebe Gottes wirklich ist. Er wendet sich den Ausgestoßenen und Verachteten zu und holt sie in die Mitte. Gerade mit denen, die am Rand stehen, sitzt er am Tisch und hält mit ihnen Mahl. Die ewige Spirale von Gewalt und immer neuer Gegengewalt durchbricht er, indem er dem Hass seine Liebe gegenübersetzt. Einer Gesellschaft, die zutiefst misstrauisch und verurteilend ist, sagt er: »Wenn ihr nämlich nur die liebt, die euch lieben, welchen Lohn könnt ihr dafür erwarten?« (Mt 5,46) Für Jesus wird die Liebe gerade darin sichtbar, dass man sie den Menschen erweist, die einem nicht wohlgesonnen, sondern feindselig sind. Die »barmherzige Liebe unseres Gottes« (Lk 1,78) wird dort spürbar, wo man aus Liebe zum Nächsten auf das eigene Recht verzichtet und das Wohl des Menschen an die oberste Stelle setzt. Paulus bringt es im Galaterbrief auf den Punkt: »Einer trage des anderen Last; so werdet ihr das Gesetz Christi erfüllen« (Gal 6,2). Nur wenn einer den anderen unbedingt und mit allen Konsequenzen annimmt, kann man verwirklichen, was Jesus den Jüngern im Abendmahlssaal aufgetragen hat: »Liebt einander, so wie ich euch geliebt habe« (Joh 15,12).

Nach der Weihnachtserzählung des Lukas ruft der Engel den Hirten, die bei ihren Herden Nachtwache halten, zu: »Fürchtet euch nicht« (Lk 2,10). Diese Worte des Engels sind notwendig geworden, weil die Hirten angesichts seines Erscheinens in Angst verfallen sind: »Sie fürchteten sich sehr« (Lk 2,9) heißt es einen Vers zuvor. Die Hirten erschrecken, da sie nicht wissen, was sie von der unheimlichen Gestalt halten sollen. Sie verspüren Angst angesichts des himmlischen Boten. Denn sie ahnen nicht, was sie erwarten wird. Sie rechnen mit allem. Und aus ihrer eigenen Erfahrung wissen sie nur zu gut, dass man zunächst immer vorsichtig sein muss. Zu oft will der Neuankömmling nur etwas Schlechtes. Häufig mussten sie schon erleben, wie fremde Menschen in das Land kommen und das bisher friedliche Leben von einer tyrannischen Herrschaft unterdrückt wird. Die Reaktion der Furcht erwächst aus der Wahrnehmung des Lebens. Denn mit Neuem und Unbekanntem ist nicht immer nur Gutes verbunden.

Aus dem Mund des Engels aber vernehmen sie andere Worte: »Fürchtet euch nicht!« Das bedeutet: Ihr braucht keine Angst mehr zu haben, denn in euer Leben, das von Hass und Gewalt erfüllt ist, ist die Liebe gekommen. Ihr müsst nicht mehr unter der Last der römischen Oberherrschaft euer Dasein fristen, ihr dürft aufatmen und froh sein. Euer Leben in Lieblosigkeit und Resignation hat ein Ende. Die Liebe hat über den Streit gesiegt, ihr seid aus den Zwängen einer gefühlsarmen Gesellschaft befreit. »Fürchtet euch nicht!« In einem Leben, das von Liebe geprägt ist, muss man keine Angst mehr haben. Das ist die eindringliche Botschaft, die der Engel den Hirten verkündet und darlegt. Weil die Liebe in die Welt gekommen ist, darf es keine Furcht mehr geben.

In den Alltag der Hirten hinein gesprochen, sind die Worte des Engels eine befreiende Frohbotschaft. Sie sagt den Hirten ein Leben zu, das nicht mehr unter dem willkürlichen Handeln von Herrschern und Machthabern leiden muss. Ein Leben, das sich ganz und gar aus der Liebe speist, die Grund und Ziel allen menschlichen Handelns ist. Die allumfassende Liebe zerbricht die Furcht und schafft eine Zivilisation, in der jedem Menschen ein Wert und eine besondere Würde zukommen. Gewalt, die den Nächsten kleinmacht und ihm den Mund verbietet, hat hier keinen Platz mehr. Es gibt keinen Egoismus mehr, der sich nur am eigenen Verlangen orientiert und die Bedürfnisse des anderen rücksichtslos vernachlässigt. Es gibt auch keine verletzenden und den anderen bloßstellenden Worte mehr, sondern nur noch eine wohlwollende und respektvolle Rede, die den Mitmenschen groß macht und ihn Anerkennung spüren lässt. In einer solchen Welt braucht man sich nicht zu ängstigen. Hier gibt es kein Misstrauen mehr, keinen Argwohn, keine Bedenken. »Fürchtet euch nicht«: denn die Liebe hat in allem das letzte Wort.

An Weihnachten feiern wir in erster Linie die Liebe. Dadurch besitzt der Ruf des Engels heute nach wie vor Gültigkeit: »Fürchtet euch nicht!« Denn auch uns gilt die Liebe Gottes, auch wir sind aufgerufen, seine Liebe in unserer Welt weiterzugeben. Weil seine Liebe grenzenlos ist und Grenzen zerstört, muss auch unsere Liebe allen Menschen gelten – auch über die Barrieren hinweg, die wir oft selbst aufgebaut haben. Weihnachten ist das Fest der Liebe. Aber es kann es nur sein, wenn es Menschen gibt, die sich lieben lassen, die seine Liebe annehmen und sie weitergeben. Die Liebe bleibt leer, wenn sie sich nicht austeilt. Gottes Liebe, die er uns an Weihnachten vor Augen stellt, bleibt unerwidert, wenn wir ihm nicht unsere Herzen öffnen und sie von seiner Liebe erfüllen lassen. »Menschen! Liebt, o liebt ihn wieder / und vergesst der Liebe nie!« (GL 245, 4. Strophe) singen wir an Weihnachten. Denn die Liebe ist Grund und Ursprung des Weihnachtsfestes. Ohne Liebe gibt es kein Weihnachten.

Die Liebe, die das Zentrum unseres Weihnachtsfestes bildet, ist eine umfassende Liebe. Sie nimmt Züge an, die unserer menschlichen Liebe oft fremd sind: Denn sie gilt gerade denen, die man eigentlich nicht lieben möchte. Sie ist eine Liebe, die die Kraft besitzt, die Welt zu verändern und sie zu einer Welt zu machen, in der man keine Angst vor den Anfeindungen des Nächsten mehr haben muss. Die Liebe, die Gott uns an Weihnachten erweist, ist nicht auf einen Augenblick oder eine bestimmte Zeitspanne beschränkt. Sie gilt immer und uneingeschränkt, sie ist Liebe heute und in Ewigkeit. Die liebende Zusage Gottes an uns Menschen, die er uns an Weihnachten in der Menschwerdung seines Sohnes zuspricht, hat für alle Zeiten Bestand. Und das unterscheidet sie auch so radikal von der Liebe, wie wir sie in unserer Welt antreffen. Da ist Liebe oft nur eingeschränkt möglich, da ist sie zerbrechlich und ein kostbares Gut, das man aufmerksam hüten muss. Liebe, in menschlichen Kategorien gedacht, ist nicht selten billige und käufliche Liebe. Sie scheitert schon an geringen Widerständen und ist auf Lippenbekenntnisse begrenzt. Beim Blick in unsere Gesellschaft wird offenbar, wie häufig das Wort »Liebe« gebraucht – auch missbraucht – wird, und wie wenig wir von dieser Liebe trotz allem zu spüren bekommen. Die Shitstorms im Netz, der Fall Dominik Brunner oder der tote Junge am Mittelmeerstrand zeigen in aller Deutlichkeit, wie lieblos es zugeht. Und sie demonstrieren, wohin unsere Gesellschaft steuert, wenn man sich nicht liebevoll um den Nächsten kümmert, sondern beständig nur die eigenen Ziele und Ideen vor Augen hat.

In der Heiligen Nacht 2016 haben Jugendliche in einem Berliner U-Bahnhof einen Obdachlosen angezündet. Mit solchen und ähnlichen erschütternden Nachrichten konfrontiert, ist die Liebe, wie wir sie an Weihnachten feiern, wirklich eine Zumutung. Sie wirkt provokativ angesichts eines solchen sinnlosen, brutalen Vorgehens gegen unschuldige Menschen. Sie scheint in den humanitären Katastrophen unserer Zeit keinen rechten Ort zu haben – und muss sich doch genau dort befinden, wo das größte Unglück geschieht. Die alles und jeden umfassende Liebe drängt sich an Weihnachten in unser Leben und mutet sich uns zu.

Weihnachten ist das Fest der Liebe. Und viele Menschen verwirklichen ihren Traum von Liebe an Weihnachten unter dem Christbaum, im Kreis ihrer Verwandten und Freunde. Doch die Liebe, die wir an Weihnachten feiern, kann sich nur dort ausfalten, wo sie am meisten benötigt wird. Die Liebe Gottes kann nur dort weitergegeben werden, wo es angesichts von brutaler Gewalt und nicht endend wollendem Hass scheinbar keine Liebe geben kann. Wer meint, das Fest der Liebe spiele sich zu Hause, im gemütlichen Rahmen ab, der irrt. Wer glaubt, dem Auftrag der Liebe gerecht zu werden, wenn er am Heiligen Abend ordentlich verpackte Geschenke verteilt, der täuscht sich. Die Orte, an denen Menschen unsere Liebe brauchen, liegen oftmals gar nicht weit von uns. Aber sie fordern uns dermaßen heraus, dass wir vor ihnen die Augen verschließen und sie beiseiteschieben. Wir wagen es nicht, uns der Zumutung der Liebe zu stellen. Wir erfinden lieber ein eigenes »Fest der Liebe und des Friedens«, das mit Weihnachten nicht mehr viel zu tun hat.

Weihnachten mutet uns die Liebe zu, die dort ansetzt, wo es zutiefst lieblos und hasserfüllt zugeht. Die Liebe von Weihnachten wird an Orten Realität, an denen sich Menschen gegenseitig annehmen und miteinander für eine menschlichere Gesellschaft eintreten. Die Liebe ereignet sich dort, wo man nicht mehr über Obergrenzen diskutiert, sondern das Schicksal der Tausenden zum Thema macht, die auf der Flucht gestorben sind. Weihnachten fordert uns heraus, unbequeme Orte aufzusuchen und dort die Menschen unbedingt zu lieben.

Gottes Liebe ist in unserer Welt Mensch geworden. Wenn wir seine Liebe weitertragen und unser Leben von ihr durchdringen lassen, kann sich das Wunder der Weihnacht auch heute ereignen. Dann wird Gott auch heute, mitten in unserer Welt, Mensch. Nicht dort, wo die Liebe nur scheinbar vorhanden ist und nach den Weihnachtstagen wieder verschwindet. Wohl aber an den Orten, an denen Menschen aus der Spirale von Hass und Gewalt ausbrechen und miteinander neue Wege gehen. An Orten, an denen man dem verrohten Umgang in den sozialen Netzwerken ein Ende macht und zu einem liebevollen Dialog miteinander aufruft. An Orten, an denen man die eigenen Wünsche zurücksteckt und alles unternimmt, dass es dem anderen gut geht, dass er ein Dach über dem Kopf und einen Bissen zu essen bekommt. Dort wird der Traum von der Liebe wahr. Dort setzen sich Menschen der Zumutung der weihnachtlichen Liebe aus und werden zum Zeichen der Hoffnung für die Welt und für die Menschen.

6. Sich Zumutungen stellen – Weihnachten und unser Leben

Vielleicht veranschaulicht die matthäische Perikope von den Männern aus dem Osten (2,1–12) am ehesten noch, wie eine Neuannäherung an das Weihnachtsgeheimnis gelingen kann. Die Sterndeuter sind Menschen aus dem Zentrum. Sie gehören der Oberschicht an. Vermutlich waren sie in ihrer Heimat am Haus des Herrschers angestellt. Dort sollten sie die astronomischen Phänomene beobachten und die Sternkonstellationen deuten. In den meisten Weihnachtskrippen werden sie als vornehme Männer, als Könige dargestellt. Sie tragen edle Gewänder und haben kostbare Gaben bei sich. Die Sterndeuter sind keine armen Schlucker. Sie gelten etwas dort, wo sie zu Hause sind. Und sie besitzen einen gewissen Grad an Bildung und sind zumindest in einigen Wissensgebieten gelehrt. Die Männer aus dem Osten sind somit anders als die bäuerlichen Hirten. Sie wohnen nicht schon am Rand, sondern müssen eine lange Reise auf sich nehmen, um dorthin zu kommen. Sie müssen ihre gewohnte Umgebung verlassen, um irgendwo in Judäa den neugeborenen König der Juden zu suchen.

Ein Stern, der hell am Orbit erstrahlt, eine besondere Himmelserscheinung, bringt die Männer in Bewegung. Sie verlassen das Zentrum, in dem sie leben und arbeiten, und begeben sich in eine Randlage. Der Ortswechsel, den sie vollziehen, ist bedeutsam: Um ihn, den neugeborenen König der Juden, anzubeten (vgl. Mt 2,2), verzichten sie auf ihren gewohnten Luxus im heimatlichen Herrscherhaus und suchen stattdessen die heruntergekommene Stallung in einem Kaff namens Betlehem auf. Dabei ist den Sterndeutern ein solch schroffer Ortswechsel zunächst gar nicht bewusst. Denn der erste Ort, den sie aufsuchen, um den neuen König zu finden, ist nicht der Stall von Betlehem. Die allererste Anlaufstelle für die Magier ist der Königshof in Jerusalem. Hier meinen sie, den neuen König anzutreffen. Und sie glauben, bei Herodes eine Auskunft über seine Geburt zu erhalten. Die Richtung, die die Sterndeuter zunächst einschlagen, geht vom einen Zentrum in ein anderes. Von ihrem Herrscherhaus laufen sie zum Palast des Herodes. Dort wollen sie den neugeborenen König finden.

Die Suche der Sterndeuter scheitert. Herodes der Große kann und will ihnen keine Auskunft geben. In seinem Palast jedenfalls ist kein neuer König zu finden. Er ist der Alleinherrscher über das Gebiet. Und er will es auch bleiben. Deswegen versucht er mit einer durchdachten Strategie seine Herrschaft zu sichern. Die Sterndeuter sollen ihm Auskunft geben über den Ort, an dem sich der andere König findet. Denn auch er möchte hingehen, um ihm zu huldigen (vgl. Mt 2,8). Ob die Sterndeuter schon von vornherein das listige Spiel des Herodes durchschaut haben, bleibt ungewiss. Möglich ist es. Denn welcher König verzichtet schon freiwillig auf seine Macht, um für einen Gegner Platz zu machen? Herodes jedenfalls meinte, er könne mit einer List seine Macht stärken und die fremden Männer für seinen unbedingten Herrschaftstrieb instrumentalisieren.

Letztlich müssen die Sterndeuter ihre Reise fortsetzen. Jerusalem ist nicht ihr Ziel. Der neue König der Juden wurde nicht im Herrscherhaus geboren. Und so nehmen sie ein letztes Wegstück auf sich und kommen nach Betlehem, in ein Haus. Dort endlich sind sie am Ziel ihrer Reise angelangt. Sie finden das Kind und Maria, seine Mutter, und huldigen ihm. Sie fallen vor dem auf die Knie, dessen Geburt ihnen ein aufgehender Stern in ihrem Heimatland angedeutet hatte.

Die Sterndeuter führt es dabei in ungewohntes Gebiet. Wer würde schon einen König in einem Stall vermuten? Wer sucht einen Herrscher nicht zunächst im Zentrum des Reiches, dort, wo die Fäden zusammenlaufen und die Oberschicht residiert? Doch der neugeborene König der Juden ist dort nicht zu finden. Er kommt am Rand zur Welt. Am Rand der Gesellschaft, am Rand des bewohnten Gebietes, am Rand des Lebens. Wer ihn sucht, um ihn anzubeten, der muss sich unweigerlich dorthin begeben. So geht es den Hirten ebenso wie den Männern aus dem Osten. Sie müssen ihr prächtiges Leben am Herrscherhaus zurücklassen, um den neuen Herrscher zu finden. Sie müssen aber auch auf alte Denkmuster verzichten und sich auf das Ungewöhnliche einlassen. Der neue König ist nicht in Jerusalem im Palast, sondern in Betlehem im Stall. Der neue König ist nicht in üppige Gewänder gehüllt und wohl behütet, sondern nur in eine Windel gewickelt und den Umwelteinflüssen nur mäßig geschützt ausgesetzt.

Die Sterndeuter vollziehen bei ihrem Besuch ein machtvolles Ritual. Sie fallen vor dem Kind auf die Knie und huldigen ihm. Sie machen sich klein vor dem Neugeborenen. Sie verdeutlichen durch ihren Kniefall, dass sie sich freiwillig in eine Ohnmachtsposition begeben und dem Herrscher untertan sind. Und sie legen ihre mitgebrachten Gaben vor dem Kind nieder: Gold, Weihrauch und Myrrhe. Das bedeutet, sie übergeben ihm die Zeichen der Macht. Gold als Symbol für die Macht als König, Weihrauch als Symbol für die Macht als Gott, Myrrhe als Symbol für die Macht als Heiler und Heiland. Indem die Sterndeuter die Gaben hergeben und vor Jesus niederlegen, ermächtigen sie ihn. Sie zeigen symbolisch, mit welcher Voll-Macht der neugeborene König der Juden ausgestattet ist: Er ist König, Gott und Heiland.

Dieser Akt des Niederfallens vor dem neuen König war in der Antike nicht unbekannt. Schon lange Zeit gab es im Alten Orient das Ritual der Proskynese, bei dem sich der Untergebene dem Herrscher zu Füßen warf. Und auch heute praktizieren es noch viele Menschen: wenn Katholiken eine Kirche betreten und mit einer Kniebeuge den im Tabernakel gegenwärtigen Herrn verehren. Das niederfallende Anbeten der Sterndeuter und das Überreichen ihrer Geschenke sind machtvoll aufgeladene Zeichen. Sie bringen augenfällig zum Ausdruck, dass er wirklich der Sohn ist, den der ewige Vater gezeugt hat (vgl. Ps 2,7).

Obwohl die Sterndeuter aus dem Osten ganz offensichtlich einen Machtverlust erleiden, indem sie sich dem neuen Herrscher vor die Füße werfen, werden sie selbst neu ermächtigt. Wie ist das zu verstehen? Zunächst geben die Weisen aus dem Osten ihre Macht auf, weil sie ihren Heimatort verlassen und sich auf unbekanntes Terrain begeben. Hier besitzen sie nicht das Ansehen, das sie zu Hause genießen. In diesem fremden Gebiet sind sie Unbekannte. Sie kennen niemanden und zugleich gibt es unter der Bevölkerung keinen, der ihre Befehle ausführen müsste. Sie sind machtlos. Außer sich und den Dienern, die sie aus ihrer Heimat mitgenommen haben, haben sie niemanden. Dann aber legen sie ihre Macht dem Kind zu Füßen. Sie geben ihm das hin, was sie mitgebracht haben. Sie überschreiben ihre Geschenke, aber auch ihre eigene Person diesem neugeborenen Herrscher. Ganz und gar unterstellen sie sich seinen Befehlen. Vor ihm haben sie die Proskynese vollzogen. Nun stehen sie unter seiner Regentschaft. So sind die Sterndeuter auch in einem anderen Sinn machtlos geworden: Sie haben ihre feudale Position am Herrscherhof eines Königs aus dem Osten verlassen. Von nun an sind sie Knechte eines neuen Königs, des neugeborenen Königs der Juden.

Doch weil sich die Sterndeuter den Zumutungen von Weihnachten stellen, gewinnen sie neue Macht. Weil sich die Männer nicht beirren lassen, sondern sich auf die Zumutungen, die sie erwarten, einlassen, werden sie mächtiger, als sie vorher waren. Ganz offensichtlich nutzen sie diese Macht, um den grausamen König Herodes ins Aus zu setzen. Sie lassen sich nicht vor seinen Karren spannen und für seine autoritären Herrschaftspläne ausnutzen. Seinem Wunsch, ihm vom Aufenthaltsort des neuen Königs zu berichten, werden sie nicht gerecht. Sie haben sich dem neugeborenen Herrscher unterworfen. Und dazu gehört eben auch, ihm das Leben zu gewähren und ihn nicht dem Tod auszuliefern. Die Sterndeuter spielen ihre Macht gegen die des Herodes aus. Weil sie ihm nicht verraten, an welchem Ort er das Kind findet, ist Herodes machtlos. Er kann nichts gegen den Gegner unternehmen. Sein eigener Machtapparat nützt ihm nichts. Aber die Sterndeuter, die vor Kurzem noch ihre ganze Macht vor dem Kind niedergelegt und sich in die völlige Ohnmachtsposition begeben haben, setzen Herodes matt. Nun bleibt ihm nur noch ein letzter Ausweg, das Erstarken des neuen Königs zu verhindern: Alle Kinder müssen gewaltsam hingerichtet werden. Weil der Despot mit der Ohnmacht nicht umgehen kann, wählt er inhumane Methoden, um seine Machtposition zu sichern.

Die Sterndeuter gehen aus diesem Duell als Gewinner hervor. Die Macht, die sie mit dem Besuch bei dem Kind gewonnen haben, ist stärker als jede menschliche Macht. Und sie besitzt die Kraft, eine jegliche menschliche Macht zu entkräften. Die Macht, die die Sterndeuter erhalten haben, ist göttlicher Natur. Sie kann nicht im bewaffneten Kampf erlangt werden. Sie findet sich auch nicht in den machtvollen Zentren des Reiches. In Jerusalem sucht man nach ihr vergeblich. Sie lässt sich im Außen, am Rand der Gesellschaft und des Lebens finden. Sie liegt in der Peripherie. Die göttliche Macht kann man sich auch nicht über hinterhältige Pläne und doppelte Böden erschleichen. Sie wird nur dem zuteil, der sich aus reiner Liebe und völlig ohne Hintergedanken dem Kind in der Krippe nähert. Diese Machtform ist auch den Herrschern fremd. Herodes hat sie nicht. Er bildet sich ein, mächtig zu sein. Dabei ist seine Macht brüchig und auf das Wohlwollen anderer angewiesen. Sie ist nur eine menschliche Macht, die man mit vielerlei Bemühungen beschützen muss, um sie zu behalten. Wer aber den Blick auf den verletzlichen Menschen lenkt und sich selbst zum ohnmächtigen Menschen macht, der kann diese neuartige Machtform erhalten.

Im Kind finden die Sterndeuter zugleich einen Ort, der neue Orte eröffnet. Die Männer ziehen »auf einem anderen Weg heim in ihr Land« (Mt 2,12). Die Begegnung mit dem neugeborenen König ermächtigt sie dazu, neue Wege zu gehen. Orte, die den Sterndeutern vorher unbekannt waren, werden nun von ihnen aufgesucht. Sie sind fähig, neue Räume zu entdecken, die sich nach dem Besuch in Betlehem aufgetan haben. Heimwärts ziehen sie nicht mehr über Jerusalem. Sie meiden das Zentrum der Macht und den grausamen Herrscher. Ein anderer Weg führt sie wieder weg vom Kind. Ob sie wieder den Weg nach Hause beschreiten und in ihre alte Position zurückkehren, erfahren wir nicht. Gut möglich, dass die Begegnung mit dem Jesuskind ihr Leben radikal verändert hat, dass sie einen völlig neuen Weg eingeschlagen haben. Dass sie gar nicht mehr dorthin zurückwollen, wo ihre Reise begonnen hat.

Das Beispiel der Sterndeuter, wie es uns der Autor des Matthäusevangeliums berichtet, zeigt deutlich, wie sich die weihnachtlichen Zumutungen auswirken können. Die Sterndeuter stehen (wie auch die Hirten) für Menschen, die den Zumutungen, die die Geburt Jesu mit sich bringt, nicht ausweichen. Offen und ehrlich treten sie vor das Kind hin und fallen vor ihm auf die Knie. Dadurch zeigen sie ihre Bereitschaft für das, was dieser neue Herrscher mit ihnen vorhat. Indem sie sich selbst erniedrigen, machen sie sich zu Dienern für die neue Zeit, die mit der Geburt des Kindes angebrochen ist. Sie werden zu Mitarbeitern an der neuen Welt, am Gottesreich, das mitten in dieser Welt angebrochen ist.

Das Kind in der Krippe ist für sie der Ort, der alle bisherigen Strukturen und Ordnungen durchbricht und auf den Kopf stellt. Was die Sterndeuter geglaubt, gehofft und gewusst haben, wird an diesem Ort außer Kraft gesetzt. Der Ort, der im Jesuskind gegeben ist, schafft eine neue Ordnung. Er überschreitet alles und öffnet den Horizont auf eine neue Lebenswirklichkeit hin. Der Herrscher wohnt nicht im Zentrum des Reiches, im Jerusalemer Palast: Mit seiner Geburt im heruntergekommenen Stall macht er das Außen zum Zentrum und ermächtigt die Menschen, die ohnmächtig am Rand der Gesellschaft leben. Die neue Welt, die mit der Geburt des Kindes angebrochen ist, schafft eine neue Struktur, die mit einer Dekonstruktion der ehemals geltenden Gesellschaftsordnung einhergeht. Das Außen der Welt wird zur Mitte, der Rand wird zum Zentrum, die Nebenakteure werden zu Hauptpersonen. Die Welt gerät aus den Fugen.

Das Kind in der Krippe ist der Ort, an dem der ganz Andere in diese Welt kommt. Im Kind kann man ihn finden. Im Kind wird er Mensch. Er, der die Welt erschaffen hat, kommt in die Welt. Er wird für uns Menschen spürbar und erfahrbar. Im Krippenkind liegt er uns vor Augen. Hier können wir ihm begegnen. Das Geheimnis der Weihnacht findet sich in dieser Öffnung auf ein Mehr hin: In einem menschlichen Neugeborenen kann der gefunden werden, der den Menschen ins Dasein rief. An einem lokalisierbaren Ort reißt plötzlich ein anderer Ort auf, der das bisher Gewesene übersteigt und einen neuen Lebensraum eröffnet. In der Begegnung mit dem Kind in der Krippe realisiert sich dieses Ereignis. Im Kind bricht nicht nur ein neuer Raum auf, sondern eine neue Welt. Eine Welt, die nach den weihnachtlichen Gesetzen läuft. Eine Welt, die Gottes Reich ist und auf ewig bleibt.

Nicht ohne Grund hat die Reise, die wir in den vorhergehenden Betrachtungen unternommen haben, zu den prekären Orten dieser Welt geführt. Es sind nämlich die Orte, an denen wir dieselben Entdeckungen machen dürfen wie die Hirten oder die Sterndeuter. Lampedusa oder die Bordelle sind die Orte, an denen die andere Welt heute über uns hereinbricht. An den Orten, an denen die Humanität und das Leben an den Rand gedrängt werden, ist eine gültige Ordnung nicht mehr zu erkennen. Sie wird überstiegen und kritisch hinterfragt. Weil die Menschen an diesen Orten zutiefst ohnmächtig sind, besitzen sie die Macht, die geltenden Strukturen außer Kraft zu setzen. Sie schaffen sich eigene Gesetze, nach denen ihr Leben abläuft. Vorschriften und Anordnungen können sie nur bedingt umsetzen. In den Krisengebieten der Welt, in Gaza und Syrien, herrscht eine andere Ordnung. Hier gilt das Recht des Stärkeren. Und eine Vielzahl von

Menschen muss sich einfügen und sich einer willkürlichen Behandlung durch die Machthaber unterwerfen.

Diese Orte, die wir im Laufe dieser Meditationen aufgesucht haben, eröffnen aber wiederum andere Orte, die dem aktuell greifbaren und sichtbaren Geschehen diametral gegenüberstehen. Die Brutalität, die an diesen Orten vorherrscht, macht sprachlos. Und zugleich ermöglicht sie eine neue Sprache, die mit einem eindeutigen Vokabular gegen Gewalt und Unterdrückung eintritt. Der Terror in Europa und auf der Welt versetzt uns in Angst und Schrecken und weist uns eine Ohnmachtsposition zu. Und zugleich erhalten wir dadurch die Macht, mit aller Entschiedenheit gegen den Terrorismus vorzugehen und ein Klima der Sicherheit zu schaffen. Die Lieblosigkeit, der man an diesen Orten unweigerlich begegnet, öffnet den Raum, sich mit aller Kraft für den Frieden und den Dienst am Nächsten einzusetzen.

Die Orte weisen über sich hinaus. Sie deuten auf eine andere Welt hin, in der das Menschsein andere Qualitäten besitzt. Sie muten uns einiges zu. Aber sie eröffnen auch neue Räume, die es zu entdecken und aufzusuchen gilt. Diese Orte, die wir allzu gerne gerade an Weihnachten aus dem Blickfeld verlieren, laden uns ein, einen neuen Blick auf diese Welt zu gewinnen. Sie beschenken uns mit der Fähigkeit, neu über das Menschsein nachzudenken und anders über den Menschen zu reden. Wer sich den Orten am Rand unserer Gesellschaft aussetzt, der begibt sich in Gefahr. Er muss nicht nur um Leib und Leben bangen, er muss auch um bisherige Annahmen und Meinungen ringen. Er muss sich bewusst sein, dass die anderen Orte, die über ihn hereinbrechen, ein Umdenken erfordern. Ein neu Wahrnehmen dessen, was eigentlich als unumstößlich galt.

Eine Überschreitung der geltenden Ordnung hin zu einer Neuordnung des Lebens.

Will man Weihnachten wirklich in seiner Tiefe verstehen, muss man es wie die Sterndeuter machen. Man muss die Position im Zentrum verlassen und sich an den Rand wagen. Dabei werden sich manche Annahmen als falsch entpuppen. Was man als wahr glaubte, wird vielleicht als Lüge enttarnt. Dort, an den Orten der Randlage angekommen, muss man sich den Menschen ergeben. Sie müssen bestimmen, worüber geredet wird. Sie geben den Ton an. Um sich ganz und gar auf diese befremdlichen Orte einzulassen, ist es nötig, sich selbst in die Ohnmachtsposition zu begeben. Nur so kann man die Orte verstehen. Zumutungen gilt es auszuhalten und nicht vor ihnen zurückzuschrecken oder auszuweichen. Wer sich so den bedrängenden Orten dieser Welt stellt, der kann in ihnen die anderen Orte entdecken, die eine neue Welt freilegen. Wer über Weihnachten reden will, der kann es nur, wenn er von den Menschen, die an diesen Orten leben, dazu ermächtigt wird. Er muss von ihnen die weihnachtliche Grammatik und den weihnachtlichen Wortschatz erst lernen. Aus eigener Kraft ist keiner dazu fähig.

Ich meine, dass es gerade in unserer Welt nötig ist, Weihnachten zu feiern. Aber ein Weihnachten, dessen eigentliches Geheimnis man nur entdecken kann, wenn man sich ihm auf unbequemen Pfaden nähert. Weihnachten ist ein Fest, das uns viel zumutet. Doch es ist keine Lösung, den Zumutungen aus dem Weg zu gehen oder sie mit anderen Dingen zu verhüllen. So wird Weihnachten nur zu einem leeren Fest und zu einer Feier, die ohne tieferen Sinn für unser menschliches Leben bleibt.

Wie sehr Weihnachten und unser Leben aber verdrillt sind, wird erst deutlich, wenn wir in unserer Zeit auf die Suche nach dem menschgewordenen Gott gehen. Und sie kann nur gelingen, wenn wir die »Zeichen der Zeit« (GS 4) nicht blind ignorieren, sondern zum Fundament unserer Weihnachtsfeier machen. Dann öffnen sich uns neue Räume, in denen wir unser Leben gestalten können. Dann werden wir an den unangenehmen Orten unserer Welt mit neuen Einsichten überrascht, die unsere Annahmen entkräften und neue Diskurse ermöglichen. Dann erschließen sich uns neue Räume, in denen wir hoffnungsvoll und im Blick auf den menschgewordenen Gott unsere Lebenswege gehen können. Freilich, es erfordert Mut, die gewohnten Pfade zu verlassen und sich gerade an einem mit so vielen Gefühlen besetzten Fest wie Weihnachten an herausfordernde Orte zu begeben. Doch vielleicht ist das der einzige Ausweg, um unseren Lebensraum mit dem Raum Gottes zu verschränken. Vielleicht können wir nur in einen Raum des Glaubens eintreten, wenn wir uns den bedrückenden Orten dieser Welt stellen und mit ihnen den Wandel zu einem anderen Ort vollziehen. Zu einem Ort, an dem Gott selbst in diese Welt einbricht und unsere Geschichte zu seiner Heilsgeschichte wird. Dann wird deutlich, dass »Freude und Hoffnung, Trauer und Angst der Menschen dieser Zeit, besonders der Armen und Bedrängten« (GS 1) nicht im luftleeren Raum stehen. Dass sie nicht allein in dieser eingegrenzten und endlichen Welt existieren. Sondern dass sie sich in Freude und Hoffnung, Trauer und Angst der Jünger Christi widerspiegeln und es nichts »wahrhaft Menschliches gibt, das nicht in ihrem Herzen widerhallte« (GS 1). Im Klartext heißt das: Unser ganzes Leben mit allen seinen Dimensionen hängt mit Gott zusammen. Und er ist es, der uns einen Raum eröffnet, in dem Menschliches und Göttliches untrennbar miteinander verknüpft sind. In diesem Raum müssen wir keine Angst mehr haben. Hier ist er alles in allem.

Weihnachten lädt uns ein, den Raum des Lebens zu entdecken. Er steht jedem offen. Doch er will gefunden werden. Und hier liegt die eigentliche Problematik, um die sich diese Betrachtungen drehen. Weihnachten ist die Zusage Gottes an den Menschen, sein unbedingtes Ja zum Leben. Wer das wirklich erleben, in seinem Leben sichtbar machen und erfahren will, der muss von einem Weihnachten, wie es bisher gefeiert wurde, ablassen. Romantische Weihnachtsmärkte und stimmungsvolle Lieder haben hier keinen Platz. Stattdessen muss man sich klein machen, sich bücken, demütig werden im Anblick des menschgewordenen Gottes. Man muss seinen Standpunkt verändern. Der Blick richtet sich von unten nach oben. Von den Randlagen der Gesellschaft hin zu ihrem Zentrum. Die umgekehrte Blickrichtung wäre fatal und würde den Zauber der Weihnacht nur noch mehr stärken. Sie würde an den Zumutungen von Weihnachten vorbeigehen und im Letzten die weihnachtliche Botschaft verleugnen.

Ein schönes Beispiel für diese Haltung, mit der man sich Weihnachten nähern kann, ist die Geburtskirche in Betlehem, näher hin ihr Eingang. Wer die Basilika, die in der Grundsubstanz auf das 5. Jahrhundert zurückgeht, betreten will, kann das nur in gebückter Haltung tun. In der Kreuzfahrerzeit wurde das einst so prächtige Portal verkleinert, um die Kirche vor plündernden Gruppen zu schützen und zu verunmöglichen, dass die türkischen Soldaten zu Pferd in die Basilika einreiten. Ein Besuch an der Geburtsgrotte erfordert also zunächst das Einnehmen einer demütigen, gebückten Haltung. Nur so kann man sich Zutritt zur Kirche verschaffen. Nur so kann man auch Hinabsteigen zu dem Ort, an dem Gläubige seit Jahrhunderten die Geburt Jesu verehren. Wer sich bückt und freiwillig in eine

Ohnmachtssituation begibt, kommt dem Geheimnis von Weihnachten näher. Er wird Gott dort finden, wo er in dieser Welt zugegen ist.

II.
Besinnungstag im Advent: Adventliche Gestalten

Einführung: Was gehört zum Advent?

Was gehört für Sie untrennbar zum Advent dazu? Vielleicht der Adventskranz mit seinen vier Kerzen, die Woche für Woche entzündet werden und ein bisschen mehr Licht in diese dunkle Welt bringen. Vielleicht der Adventskalender, an dem man Tag für Tag ein weiteres Türchen öffnet und sich dann am Heiligen Abend freut, dass es endlich soweit ist. Vielleicht ein Besuch auf dem Weihnachtsmarkt, das gemütliche Beisammensein bei Glühwein, Christstollen und Plätzchen. Vielleicht aber auch der Rückzug in die Stille, das nachdenkliche Hören der alten prophetischen Verheißungen, die freudige Erwartung des kommenden Weihnachtsfestes.

Keine andere Zeit im Jahr ist so von besonderen Bräuchen geprägt wie der Advent. Vieles hat sich im Lauf der Jahre eingespielt und ist ein fester Bestandteil dieser vier Wochen geworden. Manches kann man sich gar nicht mehr wegdenken. Was wäre schon ein Advent ohne Kranz, ohne festliche Musik, ohne vorweihnachtliches Gebäck? So ist der Advent für viele Menschen die schönste Zeit im Jahreskreis, weil er durchwoben ist von Ritualen und Gewohnheiten, die das Warten auf Weihnachten verschönern und das Leben zumindest ansatzweise in einem neuen, romantischen Licht erscheinen lassen.

Doch kennen wir auch die eigentliche Botschaft der Adventszeit? Advent ist nicht nur Vorbereitung für Weihnachten und Vorfreude auf die Geburt Jesu im Stall von Betlehem. Advent heißt auch, unser ganzes Leben neu auf Gott auszurichten und bereit zu sein, wenn er in diese Welt wiederkommt. Der Advent hat mit unserem Leben zu tun, beides hängt eng zusammen. Denn Jesus sagt uns in den Evangelien zu, dass er wiederkommt, dass er nicht fern bleibt, sondern erneut kommt, um die Welt zu erlösen. Dazu aber müssen wir bereit und vorbereitet sein. Dann können wir auch die Menschen heute schon seine Nähe spüren lassen und seinem Reich schon mitten unter uns zum Anbruch verhelfen.

Die Adventszeit ist von besonderen Personen geprägt, die uns im Lauf dieser vier Wochen in den biblischen Texten begegnen. Sie stehen symbolisch für einen besonderen Aspekt dieser Zeit. Jede dieser adventlichen Gestalten hat ihre ganz eigene Botschaft. Auch heute haben uns diese Personen noch etwas zu sagen. Vielleicht müssen wir nur aufmerksam sein, um zu entdecken, wie uns diese adventlichen Gestalten auch heute noch auf Weihnachten vorbereiten können. Ich lade Sie ein, neu den herausragenden Persönlichkeiten der Adventszeit zu begegnen und genau hinzuhören, was ihre Botschaft für uns heute ist. Und dadurch auch neu zu entdecken, was der Advent für uns heute bedeuten kann, wie wir uns jetzt auf seine Ankunft vorbereiten können.

1. Johannes der Täufer

Vom Wirken des Täufers Johannes erzählen uns die Evangelien ausgiebig. Sie berichten nicht nur, was er zu sagen hat, sondern auch, wie er aussieht. Johannes ist schon rein äußerlich ein unbequemer Mensch. Er lebt in der Wüste und ernährt sich von dem, was er dort gerade findet. Johannes, das ist ein Aussteiger, ein Lebenskünstler, einer, der sich von dieser Welt lossagt und ein Leben in der Abgeschiedenheit sucht. Dort in der Wüste ist er zu Hause. Dort tritt er auf und verkündet seine Botschaft. Und diese ist nicht weniger unbequem als der Verkünder selbst. Sie ist aufrüttelnd und direkt. Johannes redet nicht um den heißen Brei herum. Er sagt, was Sache ist. Damit macht er sich natürlich nicht gerade viele Freunde. Denn wer lässt sich schon gern ins Gesicht sagen, dass sein Leben eigentlich falsch läuft? Wer ist schon glücklich darüber, dass einer kommt, der scheinbar alles besser weiß und den Menschen Vorschriften macht, wie sie ihr Leben zu gestalten hätten? Für Johannes aber ist das der Kernpunkt seiner Botschaft: die Änderung des eigenen Lebensstils, weil Gott schon vor der Tür steht. Im Lukasevangelium können wir nachlesen, wie Johannes die Menschen zum Umdenken bewegt. Dort heißt es:

> *»Da sagte Johannes zu den Volksscharen, die hinauszogen, um sich von ihm taufen zu lassen: Ihr Schlangenbrut, wer hat euch denn gelehrt, dass ihr dem kommenden Zorn-*

gericht entkommen könnt? Bringt Früchte hervor, die eure Umkehr zeigen, und fangt nicht an, bei euch zu sagen: Wir haben Abraham zum Vater! Denn ich sage euch: Gott kann aus diesen Steinen dem Abraham Kinder erwecken. Schon ist die Axt an die Wurzel der Bäume gelegt; jeder Baum, der keine gute Frucht hervorbringt, wird umgehauen und ins Feuer geworfen.«

(Lk 3,7–9)

Die Axt ist schon angelegt: Das heißt, eigentlich ist es höchste Zeit, um endlich ein neues Leben zu beginnen. Oder besser gesagt: Es ist beinahe schon zu spät. Johannes verdeutlicht mit diesem Bild die drängende Situation. Weil das Kommen Gottes in diese Welt schon unmittelbar bevorsteht, müssen die Menschen endlich anfangen, umzudenken, ihr Leben umzukrempeln. Denn wenn Gott kommt, kommt auch das Gericht. Und in diesem Gericht sind eben diejenigen verloren, die sich nicht ändern wollten. Diejenigen, die nach wie vor auf ihrem Recht beharren. Wenn Gott kommt, kann man nicht mehr so weitermachen wie bisher. Man muss sein Leben kritisch hinterfragen.

Vielleicht ist der Täufer ein so unbequemer Zeitgenosse, weil er den Finger in die Wunde legt. Er weist unverblümt auf die Selbstgerechtigkeit der Menschen hin, auf ihren Egoismus, auf ihr ach so frommes Handeln. Dabei deckt er so vieles auf, was eigentlich dem Willen Gottes entgegensteht. Menschen werden ausgegrenzt und verurteilt, man setzt sich selbst und seine eigene Meinung absolut. Das aber ist kein Leben nach den Geboten Gottes. Das ist ein Leben, das ganz und gar nach innerweltlichen Gesetzen abläuft und letztlich mit Gottes Wort so rein gar nichts mehr zu tun hat. Wer will das aber schon gerne hören? Es ist doch bequem, so wie es ist. Die Menschen damals waren auch nicht viel anders als wir heute. Sie fühlten sich von der Predigt des Täufers Johannes angegriffen. Mag schon sein, dass sie erkannten, dass er recht hat und er deswegen manchen Menschen ein Dorn im Auge war. Johannes weist ganz offen darauf hin, dass einige Dinge gründlich falsch laufen. Und dass es doch an der Zeit ist, sein Leben endlich an dem auszurichten, was wirklich wichtig ist. Sein dringlicher Aufruf zur Umkehr ist ja im Letzten nichts anderes als die Einladung, sich selbst zu fragen, inwieweit man noch nach den Geboten Gottes lebt und, wenn nötig, sich wieder auf sein Wort zu besinnen. Das ist die Umkehr, die Johannes fordert. Zuallererst ein selbstkritischer Blick auf das eigene Leben und dann aber auch das Einschlagen neuer Wege und das Wiedergutmachen, wo man Fehler begangen und Menschen verletzt hat.

Auf welche Missstände würde Johannes heute wohl hinweisen? Würde er die bestehende soziale Ungerechtigkeit zum Thema machen? Oder die Verrohung der Sitten, die in unserem Land immer mehr zunimmt? Vermutlich würde Johannes auch den Umgang mit Flüchtlingen in unserem Land in seiner Predigt mahnend erwähnen. Auch heute noch gibt es so viel Not und so viele katastrophale Situationen, vor denen wir gerne die Augen verschließen und die wir eigentlich gar nicht wahrhaben möchten. Johannes aber weist genau da hin. Er redet von den Orten, die wir am liebsten aus unserem bequemen Alltag verdrängen. Johannes zeigt ganz offen, wie viel es noch zu tun gibt, wenn man dem Herrn den Weg bereiten will. Er macht uns darauf aufmerksam, wie sehr unser Einsatz für den Frieden und für Gerechtigkeit noch gefordert ist. Es reicht nicht, die Hände in den Schoß zu legen und zufrieden auf das bereits Geschaffte zu blicken. Es gibt noch so viel zu tun, bis unsere Welt bereit ist für die Ankunft Gottes. Vielleicht ist das die Botschaft, die uns Johannes heute zurufen würde. Und manchmal ist es auch gar nicht so schlecht, einmal direkt auf bestehende Notlagen hinzuweisen und nicht alles immer nur zu beschönigen und zu verschweigen.

Johannes ist eine adventliche Gestalt, weil er die Welt für das Kommen Gottes vorbereitet. Er ist der Bote, der vorausgeht, um dafür Sorge zu tragen, dass auch wirklich alles bereit ist für seine Ankunft. Johannes ist ein unbequemer Zeitgenosse, weil er frei heraus sagt, wo es noch hakt, wo es noch Probleme gibt, wo noch Missstände offensichtlich sind. Dadurch macht er sich unbeliebt, weil viele mit seiner Kritik nicht umgehen können. Aber steigert er nicht eigentlich auch die Vorfreude auf Weihnachten? Kann man seine Worte wirklich nur mit einem negativen Unterton verstehen? Oder schwingt da nicht vielmehr doch auch die unbändige Sehnsucht nach dem Eintreffen Gottes in dieser Welt mit? Die Botschaft des Johannes ist nicht nur: In dieser Welt läuft alles falsch und wir müssen gefälligst alles anders machen. Die Botschaft des Johannes lautet zuerst: Gott steht unmittelbar vor der Tür, er wird in den nächsten Tagen, vielleicht sogar schon in den nächsten Stunden, in diese Welt kommen. Und das ist doch eigentlich ein Grund zur Freude. Der, nach dem man so lange schon geschrien und Ausschau gehalten hat, kommt. Er ist schon in Sichtweite. Er bleibt nicht länger fern. Freudig und erhobenen Hauptes darf man dem Tag seiner Ankunft in dieser Welt entgegengehen.

Johannes weist aber mit Nachdruck auch daraufhin, dass der Advent nicht nur eine Freudenzeit ist. Der Advent ist eigentlich wie die österliche Fastenzeit eine Bußzeit. Das zeigen ganz augenfällig die violetten Gewänder, die im Gottesdienst zum Einsatz kommen, und mancherorts auch die violetten Kerzen auf dem Adventskranz. Der Advent ist nicht eine nach vorne verlängerte Vorweihnachtszeit, in der man bereits groß feiert. Dann ist Weihnachten selbst nur noch eine Randbemerkung. Dann ist Weihnachten nach den Feiertagen vorbei, weil man seit dem ersten Advent (und vielleicht schon noch länger) die Geburt des Kindes (oder irgendetwas ganz anderes) gefeiert hat. Der Advent aber will uns erst hinführen zu Weihnachten, will uns Vorbereitung sein auf das, was wir dann in der Heiligen Nacht feiern. Wenn Gott in die Welt kommt, müssen wir bereit sein. Und eigentlich ist es doch ganz schön, dass es nicht plötzlich Weihnachten wird, sondern das uns Zeit geschenkt ist, uns auf die Geburt Jesu im Stall von Betlehem einzustellen. Diese Zeit aber muss auch sinnvoll genutzt sein. Es ist manchmal nötig, umzukehren, weil man sich geradewegs in eine Sackgasse manövriert hat. Es ist manchmal nötig, umzukehren, weil man den Mitmenschen mit Worten verletzt und die Beziehung zu ihm beinahe zerstört hat. Es ist manchmal nötig, umzukehren, weil man immer wieder Fehler macht, die man hinterher bereut und sich dabei selbst ins Aus setzt. Umkehr aber heißt: genau hinschauen, was in meinem Leben schief gelaufen ist und sich mit gutem Willen daranmachen, das zu verändern. Vielleicht hilft ein gutes Wort, eine kleine Geste, eine Entschuldigung, um das Verhältnis zum Nächsten wieder einigermaßen herzustellen. Vielleicht tut es auch ganz gut, den eigenen Weg einmal grundsätzlich zu überdenken und sich zu fragen, ob das alles noch so läuft, wie es laufen soll. Umkehr bedeutet aber auch, sich selbst einzugestehen, dass man nicht perfekt ist und dass man sich in manchen Dingen vielleicht auch getäuscht hat. Umkehr ist nicht immer schön und einfach, aber sie wirkt befreiend und hilft, das Leben mit neuem Mut und neuer Kraft zu wagen. Adventszeit ist auch Umkehrzeit, damit man wirklich bereit ist, wenn Gott in dieser Welt ankommt.

An Johannes kommt man im Advent nicht vorbei – und das ist gut so. Denn mit seiner Predigt verhindert er, dass wir allzu selbstverliebt und allzu gelassen auf Weihnachten zugehen. Er öffnet unseren Blick für die Realität. Er macht uns sensibel für die Nöte so vieler Menschen, die uns als Christen, die wir uns auf Weihnachten vorbereiten, etwas angehen müssen. Deswegen ist es wohltuend, dass Johannes mahnend dasteht und uns bei aller Vorfreude die Not und die Angst des Nächsten nicht vergessen lässt. Die Adventszeit gibt uns die Gelegenheit, uns ihnen zuzuwenden und so dem Herrn den Weg zu bereiten, der in diese Welt kommen will.

»Da fragten Johannes die Scharen: Was sollen wir also tun? Er antwortete ihnen: Wer zwei Gewänder hat, der gebe eines davon dem, der keines hat, und wer zu essen hat, der handle ebenso! Es kamen auch Zöllner, um sich taufen zu lassen, und fragten ihn: Meister, was sollen wir tun? Er sagte zu ihnen: Verlangt nicht mehr, als festgesetzt ist! Auch Soldaten fragten ihn: Was sollen denn wir tun? Und er sagte zu ihnen: Misshandelt niemanden, erpresst niemanden, begnügt euch mit eurem Sold!«

(Lk 3,10–14)

2. Maria

»Meine Seele preist die Größe des Herrn«: Mit diesen Worten beginnt ein adventliches Lied. Der Evangelist Lukas hat es Maria, der Mutter Jesu, in den Mund gelegt. Als sie ihre Verwandte Elisabet besucht, kann sie nicht anders, als vor Freude ein Lied auf die Größe Gottes anzustimmen und von seiner alles umfassenden Barmherzigkeit zu singen. Das Adventslied der Maria hört sich so an:

> *»Meine Seele preist die Größe des Herrn und mein Geist jubelt über Gott, meinen Retter. Denn auf die Niedrigkeit seiner Magd hat er geschaut. Siehe, von nun an preisen mich selig alle Geschlechter. Denn der Mächtige hat Großes an mir getan und sein Name ist heilig. Er erbarmt sich von Geschlecht zu Geschlecht über alle, die ihn fürchten. Er vollbringt mit seinem Arm machtvolle Taten: Er zerstreut, die im Herzen voll Hochmut sind; er stürzt die Mächtigen vom Thron und erhöht die Niedrigen. Die Hungernden beschenkt er mit seinen Gaben und lässt die Reichen leer ausgehen. Er nimmt sich seines Knechtes Israel an und denkt an sein Erbarmen, das er unsern Vätern verheißen hat, Abraham und seinen Nachkommen auf ewig.«*
>
> *(Lk 1,46–55)*

Maria preist mit ihrer Seele den Herrn. Sie singt dem ein Lied, dem sie ihr Leben verdankt und der so unerwartet in ihr Leben eingebrochen ist. Ihn preist sie voll Freude und Dankbarkeit für das, was ihr widerfahren ist. Man könnte die Anfangsworte des Liedes auch anders übersetzen: Mein Leben macht den Herrn groß. Das bedeutet, das ganze Leben Marias ist eigentlich ein Loblied auf Gott. Denn sie vertraut sich ganz ihm an, sie legt ihr Schicksal in seine Hände. Durch ihr gläubiges Vertrauen auf sein Wort ist sie Zeugin für ihn in dieser Welt. Sie ist die große glaubende Frau, die ihr Leben ganz in den Dienst Gottes gestellt hat. So macht sie den Herrn groß und räumt ihm in dieser Welt einen Platz ein. So kann sie ihn auch mit ihrer ganzen Seele preisen und loben. Ihn, der so groß ist und mit den Menschen so Großes vorhat.

Das lädt uns aber auch ein, uns selbst die Frage zu stellen, wem wir mit unserer Seele ein Lied singen. Ist es wirklich Gott, den wir durch unser Leben groß machen und für den wir ein lebendiges Zeugnis in dieser Welt sind? Oder sind unsere Seele und unser Leben nicht manchmal so erfüllt von ganz anderen Dingen, die wir wichtiger nehmen als sie sind? Für wen stimmen wir ein Lied an? Ich denke, es ist ab und zu ganz gut, sich das zu fragen. Denn dadurch kann ich mir selbst wieder bewusst werden, was wirklich wichtig ist in meinem Leben. Und ich kann schauen, ob das auch nach außen sichtbar wird, ob meine Mitmenschen auch erkennen können, für wen ich ein Zeuge bin in dieser Welt.

Weiter singt Maria, dass Gott auf die »Niedrigkeit seiner Magd« geschaut hat. Eigentlich ist das für uns heute ein völlig unverständlicher Begriff. Wir leben nicht mehr in einer Zeit, in der es Knechte und Mägde gibt, in der sich die Reichen ihre

Dienstleute halten und diese auf unmenschlichste Art und Weise behandeln. Aber wir leben in einer Welt, in der uns Ähnliches tagtäglich vor Augen steht. Frauen, die erniedrigt und gedemütigt werden, die ihres Ansehens beraubt werden. Frauen, die zu Dienstleistern degradiert werden und ihren Körper für Geld anbieten. Frauen, die in so vielen Ländern dieser Erde noch keine Rechte besitzen und um ihre Würde kämpfen müssen. Die »Niedrigkeit« so vieler Frauen können wir heute noch vielfach finden. Oft müssen wir gar nicht weit blicken, sondern nur mit offenen Augen unsere eigene Umwelt beobachten.

Man könnte an dieser Stelle Maria auch die Wendung in den Mund legen: »Auf die Ohnmacht einer Frau hat er geschaut.« Damals, in einer patriarchalischen Gesellschaft, war die Frau in vielerlei Hinsicht ohnmächtig. Sie war eigentlich nur für den Haushalt zuständig, musste sich darum kümmern, dass zu Hause alles in Ordnung ist und die Kinder gut versorgt sind. Die biblischen Geschichten erzählen uns davon, wie schlecht es den Frauen damals auch ergehen konnte. Und sie zeigen, dass in einer von Männern dominierten Welt die Stimme der Frau nichts zählt. Sie ist ohnmächtig angesichts der bestehenden Gesellschaftsstrukturen, die eben den Männern mehr Rechte zusprechen. In einer derartigen Lage ist auch Maria aufgewachsen. Schon in jungen Jahren hat sie sich mit Josef verlobt. Vielleicht auch verloben müssen. Und so steht Maria beispielhaft für die Frauen damals, die sich in einer ähnlich prekären Lage befanden, die eben auch nichts zu sagen hatten. Die daheim für den Herd zuständig waren und sonst eigentlich nicht viel galten. Aber Maria steht damit auch für die vielen Frauen heute, denen es nicht viel anders ergeht, die ebenso in feste Strukturen hineingepresst sind und denen der Mund verboten wird. Wie gesagt:

Auch heute noch sind so viele Frauen ohnmächtig, weil sie keine Autorität besitzen, weil das, was sie sagen, nicht gehört wird, weil sie in den Augen mancher Männer nichts gelten und nichts wert sind. Das ist die brutale Realität, die es damals gab und die heute immer noch nicht vollständig überwunden ist.

Auf die Niedrigkeit seiner Magd hat Gott geschaut, weil er sie auserwählt hat, die Mutter seines Sohnes zu werden. Obwohl Maria sich nicht von anderen Frauen der damaligen Zeit unterscheidet, kommt ihr in Gottes Heilsplan eine bedeutende Rolle zu. Maria zeichnet sich nicht durch besondere Taten aus. Sie entstammt nicht einem Herrscherhaus, sie wohnt nicht in einem Palast. Sie ist eine ohnmächtige Frau, wie es sie damals zuhauf gab. Doch diese Ohnmachtssituation wird zerbrochen, als der Engel sie aufsucht und ihr verkündet, zu welchem Dienst sie Gott ausersehen hat. Plötzlich ist Maria nicht mehr irgendeine unter vielen, sie ist herausgehoben aus ihrer Niedrigkeit. Gott hat das vollbracht, indem er möchte, dass sie, die einfache Magd aus Nazareth, die Mutter seines Sohnes wird.

In aller Niedrigkeit, in aller Ausgrenzung und Verachtung gibt es neue Hoffnung. Gott allein hat die Macht dazu, aus der Niedrigkeit zu erheben und in die Freiheit zu führen. Und er wird es wieder tun an jenen, denen es heute nicht anders geht. An den ohnmächtigen Frauen von heute, die die Hoffnung haben, dass es irgendwann besser wird. Und das wird es auch, wenn wir uns tätig dafür einsetzen. Wenn wir daran mithelfen, dass Frauen auch heute in das Lied der Maria einstimmen können. Dazu braucht es unser Engagement und unser Eintreten für die Rechte der Frauen, gerade dort, wo sie rigoros missachtet werden. Dann können wir jetzt schon dazu beitragen, dass die Ohnmacht ein Ende hat, dass es keine Niedrigkeit unter den

Frauen mehr gibt. Dass wir mit Gottes Kraft dort unseren Mund aufmachen, wo Unrecht geschieht und aller Demütigung ein Ende bereiten.

Mit seinem Arm vollbringt Gott machtvolle Taten: Er schafft neue Verhältnisse, indem er Mächtige aus ihrer machtvollen Position stürzt und Arme, die nichts gelten, erhöht. Denen, die nichts haben, gibt er im Überfluss, und die Reichen werden leer ausgehen. Das sind schon traumhafte Verhältnisse! Das ist eine Welt, wie wir sie uns nur zu oft wünschen: eine Welt, die wirklich gerecht ist, in der es keine Armut und keinen Hunger, keine Ausgrenzung und keine Ausbeutung mehr gibt. Es ist eine Welt, in der die bisherigen Verhältnisse zerbrochen sind und endlich die etwas zu sagen haben, denen in unserer Gesellschaft nur Verachtung und Nichtanerkennung zukommt. Vielleicht träumt man so gerne von einer solchen Welt, weil die unsere so völlig anders aussieht. Da gibt es Machthaber und Staatsoberhäupter, die völlig willkürlich und planlos entscheiden, die nur das eigene Prestige sehen und so schnell in ihrer Eitelkeit gekränkt sind. Dann reagieren sie unkontrolliert und unüberlegt und letztlich leidet das Volk darunter, die Menschen, die eigentlich am wenigsten dazu können. Alleine der Gang durch die belebte Fußgängerzone einer Innenstadt zeigt, wie sehr unsere Lebensverhältnisse gespalten sind. Täglich sitzen Obdachlose am Straßenrand, die auf eine milde Gabe von den Vorbeikommenden hoffen. An der Armenküche stehen die Menschen Schlange, die sich nicht einmal mehr eine warme Mahlzeit am Tag leisten können und auf Hilfe und Unterstützung angewiesen sind. Und andererseits lesen wir in den Nachrichten, wie viel Millionen Euro schon wieder in den Sand gesetzt wurden, welche Unsummen Menschen verdienen, wie die Reichen ihren Reichtum immer mehr zur Schau stellen.

Da klingen die Worte der Maria doch wunderbar: endlich eine Welt, in der es anders zugeht; eine Welt, in der es Gerechtigkeit und Barmherzigkeit gibt. Aber wer wird diese Welt herbeiführen? Wer kann sie überhaupt aufrichten? Maria sagt es doch: der Arm Gottes. Welches Bild kommt Ihnen dabei in den Sinn? Vielleicht doch das Bild eines mächtigen, muskulösen Armes, der in seiner Hand eine Waffe hält. Für einen solchen Arm wäre es ein Leichtes, die Verhältnisse der anderen Welt herbeizuführen. Mit Gewalt kann man schon irgendwie die eigenen Pläne durchsetzen und die anderen dazu zwingen, dem eigenen Willen zu gehorchen. Schon so viele haben das versucht – und sind meistens doch kläglich gescheitert. Nein, der Arm Gottes ist nicht muskelbepackt und bewaffnet. Es ist der Arm eines kleinen Kindes, der Arm eines Menschen, der wehrlos am Kreuz sein Leben aushaucht. Der Arm eines Menschen, der jeden umarmen will, der zu ihm kommt, der keinen ausschließt. Ein Arm, dessen Hände Kranken Heilung verschaffen, das Brot brechen und den Kelch in die Runde reichen. Ein solcher Arm ist der Arm Gottes, der es schafft, die neue Welt in dieser unserer Welt anbrechen zu lassen.

Die Verwandlung der Welt geschieht im Kleinen, im Verborgenen. Ganz still und von der Außenwelt nicht wahrgenommen, kommt der Engel Gabriel nach Nazareth und verkündet Maria die Frohe Botschaft. Und ebenso leise und mit zarter Stimme singt ein junges Mädchen irgendwo bei ihrer Verwandten im Bergland von Judäa ein Loblied auf die unsagbare Größe Gottes. Ihre Seele preist die Größe des Herrn. Mit ihrem Leben macht sie Gott groß. Und trägt dadurch dazu bei, dass sein Reich in dieser Welt immer mehr Wirklichkeit wird.

Maria ist eine adventliche Gestalt, weil sie uns ans Herz legt, ihr Lied mitzusingen. Weil sie uns einlädt, Gott auch mit unserer Seele zu preisen, ihn auch in unserem Leben groß zu machen. Die neue Welt beginnt im Kleinen, im Unscheinbaren: dort, wo wir uns ergreifen lassen von Gott und von seiner Liebe, wo wir mit unserem Arm für gerechte Verhältnisse eintreten. Das Reich Gottes wird dort spürbar und greifbar, wo wir etwas mehr hoffen, wo wir etwas mehr lieben, wo wir unseren Mitmenschen mit seinen Sorgen und Nöten ernst nehmen. Dort wird Gott Wirklichkeit, dort kommt er auch in unsere Welt. Dort dürfen wir Gottes Nähe und sein Mitgehen nicht nur erflehen und erbitten, sondern auch spüren. Dort ist er an unserer Seite, reißt die Armen aus ihrer Trostlosigkeit und gibt denen eine Stimme, die allzu oft stumm bleiben müssen.

Maria trägt den Sohn Gottes unter ihrem Herzen. Sie ist mit dem schwanger, der zum Anbeginn der neuen Welt und zur Hoffnung für alle Menschen wird. Nutzen wir diese Adventszeit, und gehen wir ebenso mit Gott schwanger. Dann können wir ihn mit unserer Seele preisen. Dann können wir Marias Lied mitsingen, weil auch uns Hoffnung geschenkt ist und der Zugang zum Leben in Fülle auch für uns offensteht.

3. Jesaja

In den Tagen der Adventszeit hören wir beinahe täglich eine Lesung aus dem Buch des Propheten Jesaja. Jesaja begleitet uns mit seinen Verheißungen durch diese besondere Zeit und stimmt uns ein auf das Kommen des Herrn. Der Prophet wirkte vermutlich im 8. Jahrhundert vor Christus im damaligen Südreich Juda. Die Situation, in der Jesaja auftritt und die Worte Gottes verkündet, ist heikel. Das Reich Juda ist vielfach von außen bedroht. Großmächte wie die Assyrer oder die Babylonier versuchen, das Stückchen Land zu erobern. Krieg und gewaltsame Auseinandersetzungen sind an der Tagesordnung. Vielfach war die politische Lage aussichtslos, z. B. im Jahr 701 vor Christus, als der assyrische Feldherr Sanherib schon vor den Toren Jerusalems stand. Für das Königreich Juda war dies nur einer von vielen schweren Einschnitten. Ein Großteil der Bevölkerung wurde deportiert, zahlreiche Städte zerstört. Der Feldzug des assyrischen Königs zeigt vielleicht in aller Deutlichkeit, wie man sich die bedrängende Lage vorzustellen hat, in welcher der Prophet Jesaja lebte und wirkte.

Kaum verwunderlich also, dass die Texte, die wir von Jesaja hören, so hoffnungsvoll sind und das endgültige Eingreifen Gottes verheißen. Es sind adventliche Worte, die Jesaja zum Volk spricht, weil sie die Ankunft des Retters in einer aussichtslosen Lage zum Thema haben. Es sind aber auch adventliche Worte, weil sie den Blick weiten und einen neuen Horizont eröffnen, von dem her ein neues Leben möglich wird. Die Worte Jesajas sind zukünftige Verheißung, die aber dennoch schon für das Leben hier und heute Bedeutung haben und es radikal verändern können.

Einer dieser adventlichen Texte des Propheten Jesaja hört sich so an:

> *»Doch aus dem Baumstumpf Isais wächst ein Reis hervor, ein junger Trieb aus seinen Wurzeln bringt Frucht. Der Geist des HERRN ruht auf ihm: der Geist der Weisheit und der Einsicht, der Geist des Rates und der Stärke, der Geist der Erkenntnis und der Furcht des HERRN. Und er hat sein Wohlgefallen an der Furcht des HERRN. Er richtet nicht nach dem Augenschein und nach dem Hörensagen entscheidet er nicht, sondern er richtet die Geringen in Gerechtigkeit und entscheidet für die Armen des Landes, wie es recht ist. Er schlägt das Land mit dem Stock seines Mundes und tötet den Frevler mit dem Hauch seiner Lippen. Gerechtigkeit ist der Gürtel um seine Hüften und die Treue der Gürtel um seine Lenden.«*
>
> *(Jes 11,1–5)*

Jesaja nutzt ein schon fast alltägliches Bild: den toten Baumstumpf, aus dem ein neuer Trieb hervorwächst. Wer schon einmal einen Baum gefällt hat, der weiß, wie schnell neues Leben aus dem Stumpf sprießen kann. Es ist nicht damit getan, den Baum abzusägen. Von unten kommt neue Kraft. Kleine Triebe streben hinauf zum Himmel. Sie sind noch frisch und grün, ganz im Gegensatz zum morschen Holz des Stumpfes. Man glaubt, dem Leben des Baumes ein Ende setzen zu können, indem man ihn absägt. Doch so einfach ist das nicht: Das Leben ist stärker. Und wer sich endgültig von einem solchen Gewächs trennen will, der muss den Stumpf schon mitsamt den Wurzeln ausgraben. Nur so kann man wirklich verhindern, dass der Baum weiterwächst und das Leben siegt.

Der Baumstumpf ist in der Verheißung des Propheten Jesaja ein Bild für das Königreich und für das Volk. Es mag zwar sein, sagt er, dass es momentan so aussieht, als sei alles Leben erstorben und in den Wirren der andauernden gewaltsamen Konflikte der prächtige Baum gefällt worden. Es sieht so aus, als gäbe es keine Hoffnung mehr, da es nur noch einen zerfallenden Baumstock gibt. Es scheint, als sei alles aus und vorbei. Doch dem ist nicht so: Neues Leben wächst empor, dort, wo man nur den Tod sieht, sprießt frisches Grün. Deswegen muss sich das Volk nicht grämen, auch wenn es gerade nicht so rosig ist. Man darf an der unzerstörbaren Hoffnung festhalten, dass es weitergeht und dass es gut weitergeht. Das Bild, das Jesaja von der Natur abgeschaut hat, gibt Hoffnung. Denn es sagt, dass man augenscheinlich überhaupt nichts feststellen kann. Selbst wenn es so wirkt, als sei das Leben ein für alle Mal ausgelöscht, ist dem nicht so. Die Kraft, die noch im Baumstumpf steckt, ist stark genug, um wieder emporzuwachsen, um wieder zu gedeihen. Man kann sie zwar nicht sehen, aber sie ist dennoch da. Sie bleibt, auch wenn der große Baum gefällt ist.

Ein Bild nicht nur für das Königreich Juda, sondern so oft auch für unser Leben. Denn oft werden doch auch wir zurechtgestutzt und übrig bleibt nur ein kleiner, lebloser Stumpf. Wenn das Leben wieder einmal aufblüht und in der nächsten Sekunde alle Lebensfreude durch eine schlimme Nachricht vertrieben ist. Wenn wir meinen, alles geht gerade so gut und wir sind glücklich und zufrieden mit unserem Leben und dann kommen wieder neue Probleme, die uns zurückwerfen. Manchmal denkt man, alles ist perfekt und nichts könnte diese Stimmung jetzt trüben. Und dann gibt es doch immer wieder Ereignisse, die alle gute Laune, alle Zuversicht plötzlich vertreiben und offene Fragen hinterlassen. Auf jeden glücklichen Moment folgt doch auch wieder ein trauriger und ernüchternder Augenblick. Dann fragt man sich schon, wie das alles weitergehen soll, wie es angesichts von Krisen und Rückschlägen überhaupt weitergehen kann. Denn oft schwindet der Lebensmut und zurück bleibt der ewige Kampf um Perspektiven, die das eigene Leben wieder schön und reich machen.

Das Leben gefällt, alle Kraft geschwunden, übrig augenscheinlich nur noch ein toter Stumpf. Und Jesaja? Besitzen seine Worte nicht auch für unser Leben Gültigkeit? Mitten in solche Situationen, in denen es scheinbar kein Leben mehr gibt, ruft er uns doch zu: »Aus dem Baumstumpf Isais wächst ein Reis hervor« (Jes 11,1). Dort, wo alle Hoffnung geschwunden ist, keimt ein junger Trieb. Langsam und zögerlich wächst er gen Himmel empor, aber eben doch unaufhaltsam und stetig. In unser Leben übersetzt heißt das doch: Selbst da, wo wir meinen, es sei alles aus, darf man optimistisch sein. Auch wenn es wieder einmal zum Verzweifeln ist und man keinen Ausweg mehr sieht, darf man den Silberstreifen am Horizont erahnen. Es gibt einen Lichtblick, selbst in dunkelster Nacht. Wir dürfen Hoffnung wider alle Hoffnung haben, weil Jesaja mit seinen Worten am Ende doch recht behält. Wer sich selbst aufgibt und in Selbstmitleid versinkt, der ist verloren. Wer angesichts des toten Baumstumpfes resigniert und den Rückzug antritt, der wird nie das neue Pflänzchen zu sehen bekommen, das im morschen Holz gedeiht. Nur wer der Verheißung des Jesaja traut, kann neuen Mut schöpfen, kann erhobenen Hauptes in die Zukunft gehen – auch wenn sie eigentlich dunkel vor einem liegt und gar nichts Gutes verspricht.

Jesaja lädt uns ein, selbst in den schwersten Momenten des Lebens die Hoffnung nicht aufzugeben. Er sagt uns, dass es sich lohnt, Durststrecken auszuhalten, weil sie irgendwann ein Ende nehmen. Er will uns Vertrauen lehren und den Glauben, dass Gott nichts und niemanden aufgibt, sondern dass sein Leben selbst die dunkelste Nacht des Todes bezwingt. So ist das Wort vom Reis, das aus dem toten Baumstupf hervorsprießt, nicht nur die adventliche Verheißung des messianischen Herrschers für das Königreich Juda. Es ist auch Trostwort für unser Leben und Linderung, um die Wanderung durch die schmerzlichen Täler des Lebens durchzustehen.

Hören wir noch einen Abschnitt auf der Prophezeiung des Jesaja:

»Der Wolf findet Schutz beim Lamm, der Panther liegt beim Böcklein. Kalb und Löwe weiden zusammen, ein kleiner Junge leitet sie. Kuh und Bärin nähren sich zusammen, ihre Jungen liegen beieinander. Der Löwe frisst Stroh wie das Rind. Der Säugling spielt vor dem Schlupfloch der Natter und zur Höhle der Schlange streckt das Kind seine Hand aus. Man tut nichts Böses und begeht kein Verbrechen auf meinem ganzen heiligen Berg; denn das Land ist erfüllt von der Erkenntnis des Herrn, so wie die Wasser das Meer bedecken.«

(Jes 11,6–9)

Die Texte des Jesaja sind adventlich, weil sie von einer Zeit sprechen, die anbricht, wenn Gott selbst in diese Welt kommt. Diese

Welt ist so anders, so vollkommen neu. Es gibt keine Feindschaft mehr, weder zwischen Menschen noch zwischen Tieren. Alles ist friedlich. Die Vorstellung, dass alle Tiere beieinanderliegen, ohne sich anzugreifen, gleicht einer Idylle. Man fühlt sich in einen paradiesischen Urzustand zurückversetzt. So verheißt Jesaja diese neue Welt, nach der sich damals so viele Menschen sehnten. Denn die politische Lage war kriegerisch und undurchsichtig, von einem alles umfassenden Frieden war nicht viel zu spüren. Aber genau das war die Sehnsucht des Volkes: endlich ein Leben in Ruhe und Sicherheit zu haben, endlich nicht mehr Tag für Tag um das eigene Leben bangen zu müssen. Sondern zu wissen: Wir leben in einer Zeit, in der keiner dem anderen etwas Böses will, in der man dem Nächsten wohlwollend gesinnt ist und ihm zu Hilfe kommt, wenn er eine helfende Hand nötig hat. Das ist der Traum der Menschen: Frieden, Eintracht, Geborgenheit und nicht ständig neue Gewalt, neue Auseinandersetzungen, neue Hiobsbotschaften.

Wenn wir die Zeit des Jesaja mit unserer Zeit vergleichen, müssen wir ernüchternd feststellen: Vieles hat sich gar nicht verändert. Vielleicht hat die Unsicherheit, in der wir leben, sogar noch zugenommen. Denn ständig ändern sich die Dinge, es kommt zu politischen Umstürzen, neue Konflikte entzünden sich und Kriege werden unaufhaltsam fortgeführt. Die Mächtigen der Erde versuchen, ihre Macht zu stärken, und destabilisieren dabei die bestehenden Strukturen. Alles gerät ins Wanken und man sucht mit allen Mitteln einen Strohhalm, an den man sich klammern kann, weil er scheinbar Sicherheit bietet. Und so geraten wir immer weiter in den Strudel wachsender Unsicherheit. Wir werden hin- und hergeworfen und versuchen, uns bestmöglich durch dieses Leben zu hangeln. Doch dabei bleibt unablässig die Sehnsucht nach einer Welt, die anders ist, die nach anderen Gesetzen abläuft, die einer anderen Ordnung folgt. Wie schön wäre es, müsste man nicht mehr um das Einkommen bangen, müsste man nicht befürchten, dass ein neuer Banken-Crash bevorsteht und das ganze Finanzsystem in sich zusammenklappt. Wie schön wäre es, müsste man nicht mehr Angst haben, dass neue Kriege und neue Auseinandersetzungen nahen und die eigene Existenz bedrohen. Das wäre doch ein Leben, das man wirklich in vollen Zügen genießen kann, das wirklich lebenswert ist.

So alt die Texte des Jesaja auch sind, sie haben nichts von ihrer Brisanz und ihrer Aktualität verloren. Sie sprechen auch heute noch vielen Menschen aus der Seele. Und sie tragen eine Sehnsucht in sich, die auch in unseren Tagen lebendig ist. Es ist doch irgendwie wohltuend, Jahr für Jahr wieder die alten Verheißungen des Propheten Jesaja so kurz vor dem Weihnachtsfest zu hören. Nicht, weil man feststellen muss, dass die Situation damals und heute ähnlich brisant und bedrückend war. Sondern vielmehr, weil Jesaja nicht müde wird, den Menschen Hoffnung zu machen. So dramatisch die Lage auch sein mag, Jesaja sagt nicht: Ihr habt recht, wenn ihr aufgebt, denn es ist sowieso alles verloren. Jesaja verkündet doch etwas anderes, mit dem eigentlich schon überhaupt niemand mehr rechnet. Seine Worte machen Mut, sie schaffen neue Perspektiven. Denn dort, wo die Menschen den Tod unmittelbar vor Augen haben, spricht er vom Leben und von einer neuen Welt. Dort, wo die Menschen glauben, es ist alles aus und vorbei, kündet Jesaja das Kommen Gottes in diese Welt an, um sie zu retten und alles Verwundete zu heilen. Da wächst aus dem toten Baumstumpf ein Reis hervor, da kommt einer, der gerecht und barmherzig ist, der in friedlicher Absicht die Völker vereint. Das ist die Botschaft des

Jesaja, die trotz aller äußeren Widrigkeiten eine gute Zukunft verheißt.

Ich lade Sie ein, sich anstecken zu lassen von dieser Hoffnung, die Jesaja verbreitet. Geben Sie nicht auf, auch wenn es im Moment überhaupt nicht rosig aussieht und die Zukunft noch ungewiss ist. Gehen Sie mutig auf alles zu, was noch vor Ihnen liegt. Und schauen Sie genau hin, denn dann entdecken Sie auch das neue Leben, das sich trotz aller Schwierigkeiten emporkämpft und unaufhaltsam wächst. Dann werden Sie selbst zur Hoffnung für Ihre Mitmenschen und können ihnen Mut machen, auch in der ärgsten Bedrängnis nicht aufzugeben. Denn das ist doch die Botschaft dieser Adventszeit: ein bisschen mehr Hoffnung haben und ein wenig mehr auf Gott vertrauen, der kommt, um die Welt zu retten und zu heilen.

Lassen wir abschließend noch einmal Jesaja selbst zu Wort kommen:

»Der HERR der Heerscharen wird auf diesem Berg für alle Völker ein Festmahl geben mit den feinsten Speisen, ein Gelage mit erlesenen, reinen Weinen. Er verschlingt auf diesem Berg die Hülle, die alle Völker verhüllt, und die Decke, die alle Nationen bedeckt. Er hat den Tod für immer verschlungen und GOTT, der Herr, wird die Tränen von jedem Gesicht abwischen und die Schande seines Volkes entfernt er von der ganzen Erde, denn der HERR hat gesprochen. An jenem Tag wird man sagen: Siehe, das ist unser Gott, auf ihn haben wir gehofft, dass er uns rettet. Das ist der HERR, auf ihn haben wir gehofft. Wir wollen jubeln und uns freuen über seine rettende Tat.«

(Jes 25,6–9)

4. Moderne Adventsgestalten

Johannes der Täufer, Maria und Jesaja sind adventliche Gestalten, weil sie eine Botschaft für uns haben, die uns zu Weihnachten hinführt, die uns auf das Kommen Gottes in diese Welt einstimmt. Doch zugegeben: Diese drei Personen sind schon lange gestorben, sie haben in einem anderen Kontext gelebt als wir heute, ihre Worte sind doch schon etwas älter. Und so ist es ganz spannend, einmal in unsere Welt heute zu schauen und zu suchen, wer für uns heute so eine adventliche Gestalt ist. Wer sind die Personen, die uns heute neue Hoffnung schenken, die uns heute neuen Mut machen und auf die Ankunft Gottes in dieser Welt vorbereiten?

Ich möchte hier keine Namen nennen, denken Sie selbst doch einmal an Ihr Umfeld. Wer fällt Ihnen da spontan ein? Vielleicht sind es die Menschen, die trotz einer schweren Krankheit ihren Lebensmut noch nicht verloren haben und sich weiterhin in ihrem bisherigen Tätigkeitsfeld engagieren. Oder die Helferinnen und Helfer in den Unterkünften für Flüchtlinge, die sich trotz Anfeindungen von außen dafür einsetzen, dass es den Menschen, die hier keine Heimat haben, gut geht. Oder die Mitarbeiter in den pastoralen Diensten, die unermüdlich das Wort Gottes verkündigen und die mit ihrem Leben Zeugnis für Gott ablegen.

Es gibt genügend Beispiele zu nennen. Menschen, die sich ganz und gar für den Nächsten einsetzen, sich um sein Wohlergehen sorgen und sich aufopferungsvoll um ihn kümmern. Menschen, die selbst mit sich und ihrem Schicksal hadern, aber sich immer wieder bemühen, anderen Hoffnung zu machen, anderen gut zuzureden, nicht aufzugeben. Menschen, die in unserer säkularen und oftmals so gottlosen Gesellschaft zum Gebet einladen oder auf das Wort Gottes verweisen und Gott wieder ins Spiel bringen, wo er allem Anschein nach nichts mehr zu suchen hat. Das sind heute für uns adventliche Gestalten. Menschen, die eine Botschaft bereithalten, die auf die kommende Welt verheißt. Aber auch Menschen, die selbst schon diese neue Welt hier mitten unter uns zum Anbrechen bringen, wenn sie die Liebe leben und den Mitmenschen mit all seinen Unzulänglichkeiten annehmen.

Solche adventlichen Gestalten leben oft verborgen in dieser Welt. Wir nehmen sie meist nur bedingt und am Rande wahr. Manchmal gehören sie für uns einfach zum Alltag dazu. Und wir machen uns überhaupt keine großen Gedanken mehr um sie. Sie erregen nicht das große Aufsehen wie damals Johannes der Täufer. Sie tragen auch nicht öffentlich ihre Botschaft vor wie damals der Prophet Jesaja. Sie leben eher still und im Verborgenen. Wie Maria tun sie ungefragt ihren Dienst und bringen so Gott leise und unbeobachtet in diese Welt. Mit ihrem Leben machen sie Gott groß, aber auf eine unaufdringliche Art und Weise. Da muss man schon genau hinsehen, um ihn zu entdecken. Man muss für ihn sensibel sein und fähig, die leisen Töne wahrzunehmen. Dann aber kann man ihren Lobgesang auf Gott hören. Dann kann man sehen, wie die neue Welt bereits angebrochen ist und sich in den kleinen Gesten des Alltags fortsetzt. Das können für uns heute adventliche Wegweiser sein: Menschen wie du und ich, die im Kleinen,

Verborgenen, ihren Dienst verrichten und so Gott in diese Welt bringen.

Dann aber gibt es auch die lauten Mahner, die wie Johannes der Täufer öffentlich Stellung beziehen und nicht immer das Ansehen der Menge genießen. Ein solcher unbequemer, adventlicher Zeitgenosse ist zum Beispiel Papst Franziskus. Er geht an die Ränder der Welt, betet in Lampedusa und feiert die Gründonnerstagsmesse im Gefängnis. Er bricht mit dem päpstlichen Establishment, weil ein Leben hinter den dicken Mauern des apostolischen Palastes für ihn unvereinbar ist mit seinem Auftrag, für die Menschen da zu sein. Missstände in der Kirche, aber vor allem auch in der Welt, spricht er offen aus. Er sagt, worauf es wirklich ankommt, und macht sich mit seiner ganz am Evangelium orientierten Art nicht nur Freunde. Gerade mit seinem Handeln, das sich ganz aus der Barmherzigkeit Gottes speist, erregt er immer wieder auch in den eigenen Reihen Kritik. Doch Papst Franziskus geht es nicht um Selbstdarstellung oder um die Etablierung seiner eigenen Ideen. Vielmehr fordert er eine Neubesinnung auf das Wort Gottes und eine Neuausrichtung am Evangelium. Das braucht manchmal auch Umkehr, wenn man merkt, dass man sich eigentlich schon etwas vom Ursprung entfernt hat. Das ist mitunter auch ein schmerzlicher Prozess, weil er manchmal mit der Aufgabe lieb gewonnener Traditionen verbunden ist. Nicht jeder ist davon begeistert. Und so, wie es viel Zustimmung und Applaus gibt, gibt es auch jene, die verächtlich den Kopf schütteln. Papst Franziskus ist ein unbequemer Mahner, einer der kein Blatt vor den Mund nimmt, wenn es um den Schutz des menschlichen Lebens geht, und einer, der Liebe und Barmherzigkeit in ihrer reinsten Form lebt. Somit weist er uns auf Gott hin und macht sein Reich schon unter uns sichtbar. Und er sagt ganz offen heraus, dass wir noch viel tun müssen, um dem Herrn den Weg zu bereiten.

Vielleicht sind Sie schon einmal einer solchen adventlichen Person begegnet. Einem Menschen, der Ihnen Mut gemacht hat, wo Sie eigentlich verzweifelt waren und niedergedrückt. Einem Menschen, der in aller Ausweglosigkeit gesagt hat, dass es noch Hoffnung gibt, dass noch nicht alles verloren ist. Einem Menschen, der Gott in Ihr Leben gebracht und von seiner Güte, seiner Liebe und Menschenfreundlichkeit erzählt hat. Diese Menschen finden wir nicht nur in den alten Erzählungen unserer Bibel. Wir treffen sie auch heute noch, Tag für Tag, draußen in dieser Welt und in unserem Alltag, ganz nah bei uns. Sie tragen nicht mehr die Namen Maria, Johannes und Jesaja, mitunter wissen wir nicht einmal, wie sie heißen. Sie drängen sich ganz unbemerkt in unser Leben. Plötzlich sind sie da in unserem Alltag und tragen dazu bei, dass unser Leben ein Stück heller und schöner wird. Sie verweisen auf eine andere Wirklichkeit, sind Zeugen für eine neue Welt. Sie bringen Gott ins Leben und damit den Grund und das Ziel unseres Daseins.

Advent, Ankunft: Manchmal kommt Gott ganz unentdeckt und fernab jeglicher Weihnachtsfeiern in diese Welt. Manchmal wird Gott in den entlegensten Winkeln dieser Erde Mensch. Dann, wenn keiner damit rechnet und überhaupt niemand darauf gefasst ist. Dann ereignet sich seine Menschwerdung nicht in einer Kirche oder einer frommen Einrichtung, sondern da, wo Menschen sich einander annehmen, wo die Liebe größer ist als aller Hass und die egozentrische Suche nach dem eigenen Vorteil der Sorge um das Wohl des Nächsten weichen muss. Immer sind es Menschen, die Gottes Ankunft in dieser Welt, in unserem Alltag befördern. Adventliche Gestalten, die sich selbst ergreifen ließen von Gottes Botschaft und die nun dazu beitragen, dass sein Reich schon heute anbricht. Menschen, die die Hoffnung lebendig halten und Mut machen. Menschen, die lieben und sich um den Mitmenschen kümmern. Menschen, die für eine bessere und gerechtere Welt eintreten, die den Mund aufmachen, wo Unrecht geschieht, und das Wohl des Menschen an oberste Stelle setzen. Diese Menschen bringen Gott in die Welt. Sie lassen ihn unter uns ankommen.

Auch wir können adventliche Menschen werden. Das ist kein besonderes Privileg, das nur einigen wenigen zusteht. Wir alle sind durch unseren Glauben an den lebendigen Gott dazu berufen, ihn in diese Welt zu bringen, die Menschen spüren zu lassen, dass es ihn gibt. Wir alle sind dazu aufgerufen, das Evangelium nicht nur zu hören, sondern es auch zu leben. Es ist ja gerade der besondere Auftrag Jesu an seine Jünger: dem Reich Gottes jetzt schon zum Anbruch zu verhelfen. Das ist der Auftrag auch für uns heute. Nicht die Hände in den Schoß legen und hoffen, dass andere die Arbeit schon machen. Sondern tatkräftig mitarbeiten am Aufbau des Reiches Gottes und selbst Verkünder der Frohen Botschaft zu sein. Dann werden wir zu adventlichen Menschen, dann geben wir der Welt wieder Hoffnung und tragen dazu bei, dass sie menschlicher wird.

Gehen wir in diesen Tagen mit etwas offeneren Augen durch unseren Alltag und schauen wir, wo wir adventlichen Menschen begegnen. Achten wir aber auch darauf, wo wir selbst für unseren Nächsten als adventlicher Mensch erfahrbar werden. Bringen wir durch unser Leben Gott in diese Welt und tragen wir dazu bei, dass sein Reich mehr und mehr anbricht.

5. Ausblick

Alle Jahre wieder hören wir in den Wochen vor Weihnachten von den großen adventlichen Gestalten. Und wir dürfen wieder den Geschichten lauschen, die vom Eingreifen Gottes in diese Welt erzählen, die davon berichten, wie Gott sein Volk nicht im Stich lässt, sondern es rettet und ihm Heil schenkt. Die adventliche Zeit dient nicht nur der Vorbereitung auf Weihnachten, sie will uns auch näher hinführen zum Geheimnis der Menschwerdung Gottes. Und sie will uns selbst verwandeln, mit neuer Hoffnung erfüllen, damit wir froh und zuversichtlich Gott in diese Welt bringen können. Der Advent hilft uns, dass wir selbst zu adventlichen Menschen werden und das Reich Gottes in unserem Alltag anbrechen lassen.

Wenn wir jetzt wieder mitten im Advent stehen, dann dürfen wir nicht vergessen, dass es bei allem Kerzenschein und Plätzchenduft hauptsächlich um uns geht. Der Advent ist kein Selbstläufer, den man Jahr um Jahr wieder abspulen kann und der immer gleich ist. Der Advent ist auch nicht die Zeit, die man primär dazu nutzen muss, um Geschenke zu kaufen und von einem Termin zum nächsten zu hetzen. Dafür haben wir ein ganzes Jahr lang Zeit. Im Advent müssen wir uns wieder einmal selbst in den Blick nehmen. Wir müssen schauen, wie es um unsere Gottesbeziehung steht, aber auch, wie es um unser Verhältnis zum Mitmenschen bestellt ist. Jetzt ist Umkehrzeit, wie uns Johannes der Täufer zuruft. Jetzt ist Zeit, sich neu darauf zu besinnen, was wirklich wichtig ist in unserem Leben. Advent ist aber auch Hoffnungszeit. Das sagt uns Jesaja, wenn er dem bedrängten Volk eine Zukunft verheißt, die friedlich und so ganz anders ist als die momentane Welt. Trotz aller Krisen und Spannungen dürfen wir die Hoffnung nicht aufgeben. »Denn auf Hoffnung hin sind wir gerettet« (Röm 8,24), sagt uns Paulus im Römerbrief. Und ein Letztes: Advent ist Gottes Zeit. Es ist die Zeit, Gott im eigenen Leben Raum zu geben und ihn durch das eigene Leben groß zu machen. Die neue Welt, in der die Armen nicht mehr hungern müssen und Gerechtigkeit herrscht, bricht an, wenn wir anfangen, sie unter uns zu schaffen. Wenn wir selbst unseren Teil dazu beitragen, dass die Welt eine friedvollere und barmherzigere wird.

Die großen adventlichen Gestalten der Bibel können uns anleiten, wie wir selbst zu adventlichen Menschen werden. Sie können uns Vorbild und Beispiel sein, wie ein Leben aus dem Glauben an das Kommen Gottes in diese Welt gelingen kann. Ein Leben, das voll ist von Hoffnung, das sich nicht einengen und eingrenzen lässt. Ein Leben, das nach anderen Maßstäben urteilt und andere Prioritäten setzt. Denn das ist unweigerlich Bestandteil einer adventlichen Existenz: ein Leben von dem her, dessen Ankunft man erwartet.

Manchmal ist es nötig, die Dinge anders zu sehen. Das musste Maria so machen, als sie plötzlich schwanger wurde und ihr Verlobter sich von ihr trennen wollte. Das musste aber auch Johannes der Täufer tun, als er im Elternhaus merkte, dass vielleicht doch nicht alles so nostalgisch weitergeht wie bisher. Auch uns tut es gut, den Advent einmal anders zu sehen. Nicht als schöne, romantische Zeit, in der man von Weihnachtsmarkt zu Weihnachtsmarkt eilt oder vor lauter Hetze überhaupt keine

Zeit mehr für Besinnung hat. Vielleicht auch nicht unbedingt als Zeit, die so gestaltet sein muss, wie wir es seit Jahren und Jahrzehnten machen. Machen wir es einmal anders. Richten wir den Fokus nicht auf Nebensächlichkeiten, die zwar schön und gut sind, aber eben nur schmückendes Beiwerk. Konzentrieren wir uns auf das, was wirklich wichtig ist in diesen Wochen vor Weihnachten. Lassen wir die Welt und unsere Mitmenschen spüren, was wir an Weihnachten feiern: das Kommen Gottes und den Anbruch der neuen Welt. Wir können dazu heute unseren Beitrag leisten. Und wir sollten es auch tun, damit allen Menschen die weihnachtliche Freude über die Geburt des Retters zuteilwird.

III.
Predigten für die Advents- und Weihnachtszeit

Im Advent:

1. Erwartung: Erster Adventssonntag

(Jes 2,1–5; Mt 24,29–44)

»Warten auf Godot« lautet der Titel eines Theaterstücks des irischen Schriftstellers Samuel Beckett. Der Inhalt, grob zusammengefasst, sieht so aus: Zwei Landstreicher warten auf eine ihnen unbekannte Person namens Godot. Und sie warten und warten, aber die Person taucht nie auf. Dabei werden sie immer wieder von einem Boten vertröstet, der ihnen ausrichtet, dass sich die Ankunft Godots weiterhin verzögert. Das Theaterstück nimmt dabei die menschliche Grundhaltung der Sehnsucht nach der Ankunft eines anderen aufs Korn. Eines anderen, dessen Eintreffen man sehnsüchtig erwartet, und der aber doch nicht kommt. Die Handlungen drehen sich im Kreis und am Ende entscheiden sich die beiden Protagonisten, den Ort des Wartens zu verlassen. Doch sie bleiben.

Warten ist wohl eine der menschlichsten Grundhaltungen überhaupt. Immer neu warten wir auf etwas und schauen nach Dingen aus, die noch in der Zukunft liegen. Weil man eben nicht alles jetzt und sofort haben kann, ist man zum Warten gezwungen. Vielleicht sind es nur Kleinigkeiten, auf die man wartet und nach denen man sehnsuchtsvoll Ausschau hält. Vielleicht sind es aber auch Dinge, die das ganze Leben umfassen und für die eigene Biografie eine ganz besondere Bedeutung haben. Warten darauf, dass man endlich die Frau kennenlernt, mit der man das restliche Leben verbringen möchte. Warten darauf, dass endlich der Krieg ein Ende nimmt, dass Frieden und Sicherheit einkehren. Warten darauf, dass die Welt eine bessere wird, eine gerechtere, eine menschenfreundlichere. Und da muss man vielleicht auch ein bisschen ehrlich mit sich selbst sein: Irgendwie warten wir doch alle darauf, dass es nicht so weitergeht wie bisher, sondern dass sich die Situation zum Guten wendet. So sind wir alle Wartende und auf die Zukunft verwiesen, die uns vielleicht Besseres bringt.

Im Kirchenjahr begehen wir die Adventszeit ausdrücklich als Zeit des Wartens. Wir warten nicht nur, dass es endlich Weihnachten wird. Wir warten auch darauf, dass Gott erneut in diese Welt kommt, um uns zu retten. Wir sehnen uns danach, dass Wirklichkeit wird, was der Prophet Jesaja einst verheißen hat: dass die Nationen »Pflugscharen aus ihren Schwertern und Winzermesser aus ihren Lanzen« schmieden, dass man »nicht mehr das Schwert, Nation gegen Nation« zieht und »nicht mehr den Krieg« erlernt (Jes 2,4). Weil diese Heilszeit eben noch nicht eingetreten ist, warten wir noch darauf. Und wir hoffen, dass sie kommt. Das aber ist kein vergebliches Warten, wie im Theaterstück von Samuel Beckett. Wir werden nicht immer wieder vertröstet und müssen am Ende resigniert aufgeben. Das wäre ein sinnloses Warten, eines, das ins Leere läuft. Unser Warten aber hat einen Sinn. Denn Jesus hat uns zugesagt, dass er wiederkommt, dass er nicht wegbleibt. Er wird kommen und alles zum Guten wenden. Er wird sein Reich aufrichten, in dem es keinen Krieg und keinen Hass mehr geben wird.

Die Adventszeit ist eine Zeit des Wartens und mehr noch eine Zeit der Erwartung. Denn von der Hoffnung auf das gute Ende her können wir leben. Aus dem Glauben heraus, dass Gott selbst kommt, um uns aus dem Elend dieser Welt zu befreien, dürfen wir unseren Alltag gestalten. Das Warten kann manchmal zur Last werden, wenn nichts geschieht und der, den man erwartet, nicht eintrifft. Dann wandelt sich die Vorfreude in Enttäuschung und Resignation. Die schöne Zukunft, die man sich ausgemalt hat, ist plötzlich dahin. Und man bleibt zum Warten verdammt. Auch das mag es in unserem Leben immer wieder geben, vielleicht gerade auch beim Warten auf Gott und sein Kommen. Dennoch dürfen wir die Hoffnung nicht aufgeben und beschließen, das Warten sein zu lassen. Denn wir wissen, dass Gott kommt. Das mag zwar zu einer Stunde geschehen, in der wir ihn nicht erwarten und vielleicht schon gar nicht mehr mit ihm rechnen. Aber er kommt – und das ist die wirklich Frohe Botschaft unseres Glaubens. Deshalb dürfen wir warten und voll Freude nach ihm Ausschau halten. So schwer es uns manchmal auch fallen mag: Gott kommt und schenkt uns seine Liebe und sein Leben.

2. Entscheidung: Zweiter Adventssonntag
(Mt 3,1–12; Mk 1,1–8; Lk 3,1–6)

»Was du heute kannst besorgen, das verschiebe nicht auf morgen.« So sagt man sprichwörtlich, wenn man jemanden darauf hinweisen möchte, eine bestimmte Arbeit nicht immer wieder aufzuschieben, sondern endlich einmal zu erledigen. Manches schiebt man allzu gerne vor sich her und sagt sich, das hat ja noch Zeit und morgen ist auch noch ein Tag. Es muss nicht alles heute gemacht werden. Bevor man sich in eine stressige Situation begibt, lässt man die Sache lieber noch einen Tag auf sich beruhen. Und manchmal ist es vielleicht auch gar nicht so schlecht, noch eine Nacht darüber zu schlafen und nicht alles aus dem Affekt heraus zu tun. Dennoch gilt: aufgeschoben ist nicht aufgehoben. Die Angelegenheiten bleiben und lösen sich nicht in Luft auf. Irgendwann müssen sie angepackt werden. Und da gilt dann vielleicht doch: Was du heute kannst besorgen, das verschiebe nicht auf morgen.

Das Evangelium des zweiten Adventssonntages stellt uns Johannes den Täufer vor Augen. Mit seinem Kamelhaarmantel und seiner seltsamen Lebensweise erregt er Aufsehen. Und noch vielmehr Unruhe stiftet das, was er den Leuten zu sagen hat: Mit eindringlichen Worten ruft er zur Umkehr und zur Taufe auf. Jetzt ist der Moment, sich zu entscheiden, sagt er. Es ist so, wie wenn ein Mann einen Baum fällen will und mit der Axt in der Hand bereits zum Zuschlagen ausgeholt hat. Es bleibt keine Zeit mehr. Wer sich vor dem Gericht Gottes in Sicherheit bringen will, muss das jetzt machen. Es gibt einen Ausweg: Dazu muss man umkehren, sein Leben kritisch betrachten und neu an den Geboten Gottes ausrichten. Es gibt einen Ausweg: Dazu muss man sich für Gottes Kommen in die Welt bereit machen, Streit und Auseinandersetzungen beiseitelegen und sich neu öffnen für Gottes Wort. Die Welt ist noch nicht am Ende. Noch gibt es Hoffnung, noch kann man sich retten.

Die Predigt des Täufers ist eindringlich. Sie lässt keine Vertröstung auf morgen zu, sondern fordert jetzt eine Entscheidung ein. Im Augenblick, in dem man die Worte des Johannes hört, muss man eine Option auswählen. Entweder man setzt sich dem drohenden Gericht Gottes aus und nimmt es mit allen Konsequenzen für das eigene Leben in Kauf. Oder man nutzt die Chance, die Johannes eröffnet, kehrt um und wagt ein neues Leben. Diese Entscheidung kann nicht vertagt oder auf morgen verschoben werden. Die Axt ist schon angelegt an den Baum und der Mann wird im nächsten Moment zuschlagen. Jetzt muss man festlegen, wie es mit dem eigenen Leben weitergehen soll.

Eine Entscheidung von solcher Tragweite zu treffen, mag gewiss nicht einfach sein. Aber sie ist dringend erforderlich. Will man ein Leben mit Gott wagen, dann muss man sich ihm stellen und Ja zu ihm sagen. Dann darf man sich nicht immer auf morgen vertrösten und alles möglichst weit in die Zukunft schieben. Heute ist es ganz einfach zu sagen, dass ich morgen ein besserer Mensch werde und morgen mein Leben ändere und morgen anfange, die Arbeiten zu erledigen. Und morgen kann man dann wieder ganz leicht sagen: Was interessiert mich mein Gerede von gestern? Große Versprechungen werden so nie eingehalten. Auf diese Art und Weise wird man auch nie zu einer verantworteten Entscheidung kommen. Sondern man schiebt immer weiter und weiter und irgendwann ist es dann auch schon zu spät. Dann gibt es kein Zurück mehr und manch einer mag sich denken: Ach, hätte ich es doch gestern schon getan.

Die Adventszeit lädt uns ein, unsere Entscheidung für Gott und für ein Leben mit ihm wieder einmal in den Blick zu nehmen. Stehen wir noch zu ihm, richten wir unser Leben noch an ihm aus? Sind wir noch bereit, unser Leben zu verändern und umzukehren, wo es nötig ist? Dafür muss heute Zeit sein. Denn wir wissen nicht, wann der Herr wiederkommt. Aber wir müssen für seine Ankunft in dieser Welt bereit sein. Johannes sagt es uns ganz deutlich: Jetzt ist die Zeit der Entscheidung gekommen. Jetzt müssen wir uns vorbereiten, damit wir von seiner Ankunft nicht überrascht werden. Heute ist die Zeit, ein neues Leben zu beginnen und sich neu an ihm zu orientieren. Heute ist die Zeit, das eigene Leben zu überdenken und sich auf sein Kommen vorzubereiten. Heute muss das geschehen und nicht morgen oder übermorgen. Denn morgen ist es vielleicht dafür schon zu spät. Heute ist die Zeit der Entscheidung – Heilszeit.

3. Hoffnung: Dritter Adventssonntag

(Mt 11,2–11)

Vielleicht ist Ihnen das auch schon einmal passiert: Da tut man etwas und ist eigentlich davon überzeugt, dass man vollkommen richtig gehandelt hat. Und trotzdem kommen danach Zweifel auf. War das jetzt wirklich korrekt? Hätte ich nicht vielleicht doch anders handeln sollen? Und wie würde mein Leben aussehen, wenn ich es damals anders gemacht hätte? Im Leben kommen wir immer wieder an Punkte, an denen wir uns entscheiden müssen. Das beginnt bei der Berufswahl und beinhaltet unzählige kleine und große Entscheidungen, die unsere Biografie auf eine bestimmte Weise verändern. Man kann sich nie immer alle Optionen offenhalten. Irgendwann muss man Nägel mit Köpfen machen. Und dann kann es schon sein, dass man rückblickend etwas in Verlegenheit kommt und sich fragt, ob alles wirklich so richtig war. Ob man nicht vielleicht auch ein schöneres und besseres Leben hätte, wenn man sich anders entschieden hätte.

Bei Johannes dem Täufer scheint diese Unsicherheit auch irgendwie der Fall zu sein. Da sitzt er nun im Gefängnis und weiß, dass sein Leben bald ein jähes Ende nehmen wird. Und als er über sein bisheriges Leben nachdenkt, scheinen ihm Zweifel zu kommen. Mit seinem Leben und seiner Predigt hat er ein starkes Zeichen für den kommenden Messias gesetzt. Am Jordan stehend, hat er auf Jesus verwiesen und ihn das Lamm Gottes genannt. Er war überzeugt, dass dieser Jesus aus Nazareth der ist, den er ankündigen musste: Gott selbst, der in diese Welt kommt. »Er muss wachsen, ich aber geringer werden«, hat Johannes im Blick auf Jesus ausgerufen (Joh 3,30). Ja, Johannes hat wirklich geglaubt, dass Jesus der Messias ist. Und nun, eingekerkert und dem Tode nah, ist sich Johannes seiner Sache auf einmal überhaupt nicht mehr sicher. Denn wo bleibt das Gericht, das er gepredigt hat? Und wo ist das erschreckende Erscheinen Gottes, mit dem er doch so zeitnah gerechnet hat?

Doch Johannes lässt sich von diesen Gedanken nicht beirren. Vielleicht, weil er die unzerstörbare Hoffnung hegt, dass Jesus der Messias ist. Sie lässt ihn nicht los. Er schickt seine Jünger zu Jesus und lässt ihn fragen: »Bist du der, der kommen soll?« (Mt 11,3) Die Antwort Jesu lautet nicht Ja oder Nein. Sondern er lädt die Johannesjünger ein, ihrem Meister zu berichten, was sie selbst mit eigenen Augen sehen. Dass nämlich Blinde wieder sehend werden, Lahme gehen können, Aussätzige rein werden, Taube hören, Tote zum Leben aufstehen und den Armen das Evangelium verkündet wird. Und das sind die untrüglichen Zeichen, dass die neue Welt angebrochen ist, dass das Reich Gottes in dieser Welt schon da ist.

Johannes mag augenscheinlich zweifeln, ob er alles richtig gemacht hat. Doch innerlich trägt ihn die Hoffnung, dass er nicht vergeblich auf Jesus hingewiesen hat. Die Hoffnung, dass mit Jesus Gott selbst in diese Welt gekommen ist und alles Leid nun endlich ein Ende hat. Die Hoffnung, dass die Menschen gerettet werden, wenn sie sich zu Jesus bekennen und mit ihm das Leben wagen. Die Hoffnung ist größer als jeder Zweifel. Sie bleibt bestehen, auch wenn es vielleicht Anfragen und kritische Momente gibt. Die Hoffnung trägt durchs Leben. Und sie ist stärker als alle Bedenken und Fragen.

Adventszeit ist Hoffnungszeit: Trotz aller Unsicherheit dürfen wir glauben, dass Gott selbst in diese Welt kommt, um sie zu retten. So viel Elend und Leid es hier auch geben mag: Wir dürfen vertrauen, dass in Gottes Reich alles anders sein wird. Auch wenn wir zwischendurch an seiner Nähe zweifeln, dürfen wir gewiss sein, dass er da ist. Sicher blicken wir oft skeptisch in diese Welt und fragen uns, wo sich denn nun die Verheißungen der Propheten erfüllen. Denn was sich in unserem Leben so oft abspielt, ist meistens das genaue Gegenteil von dem, was wir in den biblischen Schriften lesen können. Da ist es nicht weit her mit dem Frieden, da werden wir immer wieder mit Krankheit und Tod konfrontiert, da stehen uns das Leid der Menschen und ihre unsägliche Not vor Augen. Wo ist nun das Reich Gottes, das uns Jesus versprochen hat? Haben wir uns vielleicht doch in ihm getäuscht? Nicht selten geht es auch uns wie Johannes, der im Gefängnis sitzend, sein bisheriges Wirken infrage stellt. Doch was uns durch dieses Leben tragen kann, ist die Hoffnung, dass er es wirklich ist. In dieser Hoffnung können wir bestärkt werden, wenn wir hören, was uns so viele Menschen zu sagen haben. Wenn wir uns von ihnen berichten lassen, wie sie in ihrem Leben seine Nähe gespürt haben. Wenn sie uns erzählen, wie sie in dieser Welt die Zeichen der anbrechenden neuen Welt gesehen haben. Dann können wir hoffnungsvoll in die Zukunft gehen, wohlwissend, dass wir uns nicht geirrt haben. Dann dürfen wir an seinem Wort festhalten, das uns seine Nähe in allen Lebenslagen und eine gute Zukunft in seinem Reich verheißt.

4. Bereitung: Vierter Adventssonntag
(Lk 1,26–38)

Die Adventszeit neigt sich unweigerlich ihrem Ende entgegen. Die vierte Kerze am Kranz ist entzündet und Weihnachten steht unmittelbar vor der Tür. Wieder ist die Vorbereitungszeit zu schnell vergangen. Und wieder dürfen wir das Fest der Geburt unseres Herrn Jesus Christus feiern. Doch sind wir wirklich schon bereit dafür? Haben wir die Adventszeit genutzt, uns nicht nur äußerlich, sondern auch innerlich für seine Ankunft zu bereiten? Ich lade Sie ein, ein bisschen mit mir darüber nachzudenken, was es bedeuten kann, sich für Weihnachten vorzubereiten.

Da geht es zuallererst nicht nur um äußere Dinge. Vieles muss für die Feiertage hergerichtet werden. Das beginnt beim Christbaum, bei der Weihnachtskrippe und geht bis zum Festessen und zu den Geschenken. Wir haben so unsere feste Vorstellung, was zu Weihnachten untrennbar dazugehört und deshalb Jahr um Jahr wieder hervorgeholt werden muss. Dabei stehen manchmal auch Details und Kleinigkeiten im Vordergrund. Damit es am Heiligen Abend keinen Streit gibt, muss alles stimmen. Die Feierlichkeiten müssen stimmig sein, wie wir so gern sagen. Zu leicht vergisst man aber auch, sich im Trubel der Adventstage einmal bewusst zurückzuziehen. So sehr wir uns auch abmühen: Es liegt nicht in unserer Hand, dass Weihnachten ein perfektes Fest wird. Und das muss es auch gar nicht sein. Denn wo hätte dann unsere Menschlichkeit ihren Platz, die meistens so unvollkommen und zerbrechlich ist? Wenn wir ein romantisches und in allem stimmiges Ereignis feiern: Wo kommen dann wir vor, deren Leben oft so verletzlich und voller Sehnsucht ist? Vielleicht tut es ganz gut, sich vom Gedanken, dass alles perfekt sein muss, zu verabschieden. Vielleicht können wir Weihnachten wieder mehr genießen, wenn wir uns nicht von der Sorge um Äußerlichkeiten die Festtagsstimmung vermiesen lassen.

Bereit sein für Weihnachten, für Gottes Ankunft in dieser Welt: Das heutige Evangelium vom Besuch des Engels bei Maria gibt uns einen wichtigen Impuls dafür. Denn Maria war bereit für Gott. Nur so konnte sie in diesem Moment ihr Ja zur Botschaft des Engels sagen. Sie hat sich nicht erst eine Bedenkzeit ausbitten müssen. Sie hat Ja gesagt zu Gott und zu seinem Plan. Diese Offenheit Mariens für Gott ist ein Ausdruck ihrer Bereitung. Weil sie in ihrem ganzen Leben auf Gott gehofft und sein Wort immer neu aufgenommen hat, konnte sie ihre unbedingte Zustimmung geben. Freilich erzählt uns das Evangelium, dass sie überrascht war von dem, was der Engel ihr zu sagen hat. Dennoch zögert und zaudert sie nicht. Sie weiß vielmehr darum, dass jetzt der entscheidende Augenblick gekommen ist. Jetzt gilt es, sich ganz Gott zu überschreiben, sich ihm ganz und gar hinzugeben. Das kann nur, wer sich ausgiebig mit ihm beschäftigt hat. Das ganze Leben an Gott hingeben, das ist ein Akt, der eine tiefe und lange Vorbereitungszeit einfordert. Viel zu schnell gibt man sonst übereilt sein Ja und bereut es hinterher, weil man eben doch noch nicht so weit war, wie man geglaubt hat. Deswegen gibt es jedes Jahr auch die Adventszeit, die uns einlädt, uns neu mit Gott auseinanderzusetzen. Damit wir ihn eben nicht unvorbereitet empfangen, sondern damit wir bereit sind, wenn er in diese Welt kommt. Der Advent ist kein vorgefertigtes Programm, das man jedes Jahr einfach wieder abspulen könnte. Er weist uns vielmehr nachdrücklich auf unsere eigene Gottesbeziehung hin. Er fragt uns Jahr um Jahr wieder an: Wie steht es um deine Bereitschaft, zu Gott Ja zu sagen?

Auch wenn wir schon wieder am vierten Adventssonntag angekommen sind, ist noch Zeit, sich für Gott zu bereiten. Dabei sollten weniger die äußeren Vorbereitungen eine Rolle spielen als vielmehr die innere Einstellung und die innere Bereitschaft. Wenn Weihnachten vor der Tür steht, dann müssen wir uns die Frage gefallen lassen, ob wir dafür wirklich schon bereit sind. Ob wir uns wirklich schon genügend mit Gott und mit seiner Botschaft auseinandergesetzt haben, damit er in unserem Herzen Platz hat. Vielleicht können wir Weihnachten eigentlich nur feiern, wenn wir mit Maria unbedingt Ja sagen zu ihm und zu dem, was er mit uns vorhat. Ein uneingeschränktes Ja, das unser ganzes Leben umfasst und ihn groß macht. Dann kann er auch in unserem Alltag und in unserem Leben Mensch werden.

Zum Weihnachtsfest:

5. Rettung: Weihnachten (In der Heiligen Nacht)

(Jes 9,1–6; Lk 2,1–14)

Ein neugeborenes Kind kann das Leben verändern. Davon wissen jene ein Lied zu singen, die selbst schon einmal Eltern oder Großeltern geworden sind. Von heute auf morgen verschieben sich die Prioritäten. Plötzlich kann man nicht mehr ohne Weiteres zu zweit ausgehen, denn irgendjemand muss auf das Kind aufpassen und für das Kind da sein. Den Eltern kommt eine Vorbildfunktion zu, immerhin haben sie den Erziehungsauftrag für das Kind. Und auch das ganze Familienleben ist durcheinandergewirbelt, wenn da auf einmal so ein kleiner Erdenbürger neu hinzukommt und alle Aufmerksamkeit auf sich zieht. Dann ist es nicht mehr wie früher, als man nur auf das eigene Wohlergehen Acht geben musste. Jetzt stehen eben das Kind und sein Wohl im Vordergrund und alles andere muss notgedrungen zurückstecken. So ein Kind bringt eben Veränderungen im Leben mit sich, auch wenn man sich dem vorher vielleicht gar nicht so wirklich bewusst war.

»Ein Kind wurde uns geboren, ein Sohn wurde uns geschenkt«, sagt der Prophet Jesaja (9,5). Und der Engel verkündet den Hirten auf den Feldern vor Betlehem, dass sie in einem Stall ein Neugeborenes finden. Heute, an Weihnachten, feiern wir ein kleines Kind. Wir feiern, dass Jesus uns geboren ist, dass Gott selbst Mensch wurde. Um diese festliche Zeit angemessen zu begehen, bieten wir viel auf: Wir schmücken unsere Wohnungen und Straßen, wir essen uns am Festtagsbraten satt, wir beschenken andere, um ihnen eine kleine Freude zu machen. Doch bei aller Festlichkeit müssen wir uns auch die Frage gefallen lassen, inwieweit dieses Kind auch unser Leben verändert. An Weihnachten kommen wir nicht umhin, uns mit dem Kind zu beschäftigen. Und wir kommen nicht an der Frage vorbei, welche Konsequenzen wir aus Weihnachten ziehen, welche Veränderungen sich aus Weihnachten für unser Leben ergeben.

Die Geburt des Kindes verheißt Rettung. Das zumindest können wir an den biblischen Texten ablesen, die wir eben gehört haben. Jesaja schreibt von großer Freude, die entsteht, weil das Kind geboren ist. Und er berichtet davon, dass Gewalt und grausame Unterdrückung ein Ende haben. Der Stiefel der Soldaten, der dröhnend daherstampft, wird ein Fraß des Feuers. Die Herrschaft des Kindes ist groß und unendlich. Aber es ist eine rettende und befreiende Herrschaft, eine, die den Menschen mit seinen Sorgen ernst nimmt und ihn aus seiner Bedrängung herausreißt. In der Weihnachtsgeschichte des Lukas wird die gleiche Thematik aufgegriffen, wenn die Engel den Hirten verkünden: »Heute ist euch in der Stadt Davids der Retter geboren« (2,11). Das heißt für die Hirten ganz konkret: Heute dürft ihr euch freuen, denn ihr seid herausgerissen aus der gesellschaftlichen Ausgrenzung. Ihr seid gerettet aus aller Gefahr und von all dem, was euer Leben so schwer macht. Ein Kind ist geboren, das euer Leben von Grund auf verändert. Es schenkt euch Freude und Hoffnung, es lässt ein neues Leben zu. Rettung aus dieser

Welt und Leben in der neuen Welt – das ist die Botschaft, die mit dem neugeborenen Kind untrennbar verknüpft ist.

Wie verändert das Kind in der Krippe Ihr Leben? Lassen Sie sich anstecken von der Freude der Hirten, denen Rettung und Heil verkündet wird? Auch für unsere Zeit haben die Worte des Engels eine bleibende Bedeutung. Die Geburt des Kindes von Betlehem hat nicht nur das Leben von Maria und Josef verändert. Sie hat die Welt auf den Kopf gestellt. Gott kommt in unser Leben, um uns das Leben in Fülle zu schenken. Gott rettet uns, damit wir mit neuem Mut und mit einer größeren Hoffnung unseren Alltag bestreiten können. Und Gott lädt uns ein, im Kind in der Krippe die neue Welt zu finden. Jene Welt, die geprägt ist von der gegenseitigen Hochachtung und liebevollen Wertschätzung. Jene Welt, in der es keine Ausgrenzung und keine Ausbeutung mehr gibt, die alles im Überfluss schenkt. Jene Welt, die Gottes Reich ist, das in Jesus von Nazareth schon mitten unter uns angebrochen ist.

Das Kind in der Krippe kann unser Leben von Grund auf verändern. Doch dazu müssen wir uns für ihn und für sein Wort öffnen. Die Begegnung mit dem Kind von Betlehem muss Auswirkungen auf unser Leben haben. Wir dürfen die Rettung, die vom Kind ausgeht, nicht nur spüren, sondern auch weitergeben. Dann können wir die neue Welt auch in unserem Alltag anbrechen lassen. Dann können wir verkünden, was wir selbst erfahren durften, und unseren Mitmenschen die Weihnachtsbotschaft weitersagen: Christ, der Retter ist da! Er befreit euch aus eurer menschlichen Unzulänglichkeit und führt euch hinein in die Weite des Lebens!

6. Frieden: Weihnachten (In der Heiligen Nacht)
(Jes 9,1–6; Lk 2,1–14)

Mitten in den Wirren des Ersten Weltkriegs kam es zu einem denkwürdigen Ereignis: Am Heiligen Abend des Jahres 1914 einigten sich zahlreiche Soldaten an der Westfront auf einen Waffenstillstand und eine Feuerpause. Dieses Weihnachtsfest, das die Soldaten mitten in den kriegerischen Auseinandersetzungen erleben sollten, wollten die unterschiedlichen Parteien nicht kämpfend begehen. Es kam zu Verbrüderungen über die Grenzen hinweg und es gab sogar einen kleinen Gottesdienst. Auch wenn vieles im Nachhinein romantisiert wurde, ist dieses Ereignis als »Weihnachtsfrieden« in Erinnerung geblieben.

Weihnachten ist das Fest des Friedens. Das Kind, das uns geboren wurde, trägt den Namen »Friedensfürst« (vgl. Jes 9,5). Und die Engel, die zu den Hirten auf die Felder kommen, verkünden Gottes Ehre und den Menschen auf Erden Frieden (vgl. Lk 2,14). Wenn Gott in die Welt kommt, so die Verheißung der alttestamentlichen Propheten, herrscht in der Welt Frieden. Dann beginnt die neue Welt, in der alle Gegensätze aufgehoben sind, in der der Wolf beim Lamm wohnt und der Panther beim Böcklein liegt (vgl. Jes 11,6). In dieser Welt gibt es keinen Krieg mehr. Aus den Schwertern schmiedet man Pflugscharen und aus den Lanzen werden Winzermesser (vgl. Jes 2,4). Die Werkzeuge, die man zur Vernichtung des Lebens einsetzt, werden zu Werkzeugen für das Leben und dienen zur Aufrechterhaltung des Lebens. Die Menschen treten nicht mehr gegeneinander auf, sondern verbünden sich und gehen gemeinsam den Weg durch diese Zeit. Alles ist friedlich, Streit und Hass haben keinen Platz mehr in dieser neuen Welt.

Im Kind in der Krippe ist diese neue Welt, die uns der Prophet Jesaja verheißt, bereits angebrochen. Das Kind ist der Friedensfürst und uns Menschen wird Friede zuteil, wenn wir zur Krippe kommen und vor dem Neugeborenen auf die Knie fallen. Es klingt widersprüchlich in einer Welt, die so voller Gewalt und brutaler Auseinandersetzungen ist. Wo ist da der Friede, den die Engel verkünden? Wo wirkt der Friedensfürst, wenn es augenscheinlich nur Hass und Misstrauen gibt? Beim Blick in unsere Welt drängen sich diese Fragen auf. Und es bleibt die Ungewissheit, ob wir Weihnachten überhaupt noch als Fest des Friedens feiern können. Immerhin gibt es doch so viele Konfliktherde in unserer Welt. Und wie können wir hier vom Frieden sprechen, während nur einige Flugstunden von uns entfernt der Krieg wütet und Menschen um ihr Leben bangen? Ist die neue Welt, von der die Propheten sprechen, dann nicht nur eine fromme Wunschvorstellung? Der Traum von einer besseren Welt, der sowieso nie in Erfüllung gehen wird?

Vielleicht tut es gut, gerade in unserer so zerstrittenen Welt Weihnachten als das Fest des Friedens zu feiern. Vielleicht tut es gut, weil wir als Christen dem Hass dieser Welt etwas entgegenzusetzen haben. Es ist die Weihnachtsbotschaft, die uns in diesen Tagen wieder verkündet wird. Es sind die Worte der Engel, dass uns Menschen Friede wird und dass wir keine Furcht mehr haben müssen. Weihnachten kann Frieden schaffen. Das haben die Soldaten im Ersten Weltkrieg erlebt, als sie an Weihnachten die Waffen ruhen ließen und sich zum gemeinsamen Gebet versammelten. Das dürfen aber auch wir heute erfahren, wenn wir selbst unseren Teil dazu beitragen, dass Frieden wird. Seit Weihnachten ist die Verheißung der neuen Welt Wirklichkeit geworden. Die Worte vom Frieden sind nicht mehr in die Zukunft gerichtet, sondern gelten für das Hier und Jetzt. Aber sie brauchen unseren Einsatz. Den Frieden gibt es nicht geschenkt. Wir müssen dazu beitragen, dass es ihn in dieser Welt gibt. Wir müssen unseren Mund aufmachen, wenn Gewalt geschieht und neue Konflikte drohen. Wir müssen tatkräftig unseren Beitrag leisten, dass die Friedensbotschaft keine fromme Verheißung bleibt, sondern für diese Welt und die Menschen heute real und erfahrbar wird.

Weihnachten ist das Fest des Friedens, weil im Kind in der Krippe der Friede seinen Anfang genommen hat. Lassen wir uns vom Frieden anstecken und werden wir selbst zu Friedensstiftern in dieser Welt. Fangen wir damit im Kleinen an, in unseren Familien, in unserer Nachbarschaft, in unserem Alltag. Reichen wir einander die Hand zur Versöhnung, gehen wir aufeinander zu und schenken den Frieden weiter. Er ist in unserer zerstrittenen Welt bitter nötig. Und dann tragen wir dazu bei, dass die neue Welt bereits hier unter uns Wirklichkeit wird. Dann schaffen wir aber vielmehr noch Hoffnung für die Menschen in den Kriegs- und Krisengebieten. Dann zeigen wir ganz offen, dass Weihnachten gerade heute als Fest des Friedens gefeiert werden muss.

7. Erbarmen: Weihnachten (Am Morgen)

(Tit 3,4–7; Lk 2,15–20)

»Wenn einer eine Reise tut, dann kann er was erzählen«, heißt es in einem Text des Dichters Matthias Claudius. Und wer selbst schon einmal eine längere Reise unternommen hat, der weiß, dass man daheim berichten muss, wo man überall war und was man alles gesehen hat. Doch manch einem wird eine solche Reise auch zum Verhängnis: Wenn es nämlich so viel zu sehen gibt, dass man am Ende gar nicht mehr weiß, was man denn nun alles besichtigt hat. Für manchen hat der Urlaub dann erst so richtig begonnen, als man wieder zu Hause war. Denn auf der Reise war Eile angesagt: Um den Urlaubern auch möglichst viel zu bieten, hat der Organisator ein straffes Programm vorgesehen. Da geht es raus aus dem Bus, rein in das Museum und wieder zurück zum Bus. Hauptsache, man zeigt so viel wie möglich. Und am Ende kommt man ganz geplättet aus dem Urlaub wieder zurück und wünscht sich, man wäre daheim geblieben.

Es eilig zu haben, kann manchmal ganz schön anstrengend sein. Man sehnt sich nach Ruhe und Momenten, in denen man einfach entspannen kann. Doch es gibt auch Gelegenheiten, da muss man es eilig haben, da geht es gar nicht langsam. So auch im heutigen Evangelium: Die Hirten eilen hin zum Stall und finden Maria und Josef und das Kind in der Krippe. Es geht einfach nicht, dass sie langsamen Schrittes an den Ort gehen, den ihnen der Engel genannt hat. Sie haben es eilig, denn die Botschaft des Engels hat ihre Neugier geweckt. Noch wissen sie nicht, was sie dort erwarten wird. Doch es muss sich um Großes handeln. So hat es der Engel zu ihnen gesagt: Heute ist euch der Heiland geboren.

Was die Hirten im Stall von Betlehem zu sehen bekommen, übertrifft bei Weitem ihre Vorstellungen. Im Kind in der Krippe ist »die Güte und Menschenfreundlichkeit Gottes, unseres Retters«, erschienen (Tit 3,4). Gott selber nimmt sich der Menschheit an und wird ein Kind. In seinem reichen Erbarmen kommt er in die Welt, um den Menschen das ewige Leben zu schenken. Die Hirten sind die Ersten, die das erfahren dürfen. Doch dabei bleibt es nicht. Die Evangelien schildern uns eindrucksvoll, wie im ganzen Leben des Jesus von Nazareth die Barmherzigkeit Gottes offenbar wird. Was an Weihnachten, in der Krippe, seinen Anfang genommen hat, setzt sich unaufhaltsam fort. Jesus tritt ein für die, die am Rand stehen, und schenkt denen, die sündig geworden sind, sein Erbarmen. Er richtet die gebeugte Menschheit wieder auf. Das geschieht nicht, weil wir Menschen es uns verdient hätten. Gottes Barmherzigkeit kann man nicht durch Werke kaufen. Sie geschieht frei und aus reiner Gnade. Sie ist ein Geschenk, sein Geschenk an uns, die Menschen, die er erschaffen hat und die er aufgrund seines Erbarmens retten will. Das Geheimnis von Weihnachten ist diese freie, liebende Tat Gottes. Dass er Mensch wird, um uns barmherzig zu sein und aus aller Schuld zu erretten. Dass er Mensch wird, um uns Menschen noch enger an ihn zu binden und in ihm Gnade über Gnade zu erlangen. Die Hirten dürfen dieses Geheimnis schauen, als sie an die Krippe kommen und die »Güte und Menschenfreundlichkeit Gottes« in Person sehen. Das Kind empfängt sie mit offenen, ausgestreckten Armen, weil es jeden umarmen will, der sich ihm nähert.

Die Hirten kehren nach Hause zurück, sie rühmen und preisen Gott für alles, was sie gehört und gesehen haben. Sie erzählen von der Barmherzigkeit Gottes und von seiner Liebe, die ihnen in dieser Nacht zuteilgeworden ist. Und wir, wir können es den Hirten gleichtun. Wenn wir nach diesen Weihnachtstagen wieder in den Alltag zurückkehren, dann dürfen wir erzählen, was wir erlebt haben. Wir dürfen unseren Mitmenschen berichten, was wir in der Krippe gesehen haben. Wir dürfen Gottes Barmherzigkeit weitertragen und sie selbst dem Nächsten erweisen. Wenn uns die Reise in diesen Tagen wieder nach Betlehem führt, hin zum Stall, dann dürfen wir uns ergreifen lassen von Gott, der uns als Kind in einer Krippe erschienen ist. Und wer sich dem Kind staunend und mit offenem Herzen nähert, der kann gar nicht anders, als glaubend und voller Freude von dem zu erzählen, was er selbst erfahren hat.

Eilen wir mit den Hirten zur Krippe, das große Wunder zu schauen, das sich in der Heiligen Nacht ereignet hat. Eilen wir aber auch wieder zurück in unseren Alltag, um den Mitmenschen von der Begegnung mit dem menschgewordenen Gott zu berichten. Denn wer selbst die Gnade gesehen hat, die Gott uns in Jesus Christus erwiesen hat, wer kann da noch schweigend die Frohbotschaft für sich behalten? Der muss doch wohl allen erzählen, was er zu Gesicht bekommen hat. Der muss doch die Botschaft weitergeben, die er selbst von den Engeln gehört hat. Der muss selbst seinen Beitrag dazu leisten, dass die Menschwerdung Gottes nicht ein Ereignis für einige wenige ist, sondern allen Menschen gilt. Denn Gott will alle retten und alle an sich ziehen. Er will uns allen seine Liebe schenken und möchte, dass kein Einziger von uns verloren geht. Deshalb müssen wir weitergeben, was wir selbst empfangen haben.

Werden wir nicht müde, unseren Mitmenschen und der ganzen Welt zu erzählen, was sich in der Nacht von Betlehem Wunderbares für uns ereignet hat.

8. Mitteilung: Weihnachten (Am Tag)

(Hebr 1,1–6)

In vergangenen Tagen gab es in vielen Gemeinden noch den »Gemeindediener« oder »Ausscheller«. Er ging mit einer Glocke durchs Dorf und verkündete die neuesten Neuigkeiten. In diesen Zeiten gab es häufig keine anderen Informationsquellen wie Fernsehen oder Radio. Somit war dies für die Menschen oftmals die einzige Möglichkeit, überhaupt zu erfahren, was in der Stadt oder in der Welt los war. Längst vergangene Tage eben, an die wir heute nur noch nostalgisch zurückdenken. In Zeiten, in denen der Informationsfluss immer schneller wird, kann man sich das beinahe gar nicht mehr vorstellen. Wenn es Neuigkeiten gibt, verbreitet man diese über die sozialen Netzwerke oder allerhöchstens noch per SMS. Nachrichten können so schnell ausgestreut werden, manchmal auch zu schnell. Und gelegentlich wäre es ganz gut, die alten Zeiten wieder aufleben zu lassen, um sich vor der Nachrichtenflut zu retten.

»Vielfältig und auf vielerlei Weise hat Gott (...) gesprochen« (Hebr 1,1), beginnt der Hebräerbrief. Viele Male hat Gott etwas an die Menschen ausrichten lassen, ist seine Botschaft an die Menschen ergangen. Im Alten Testament finden wir immer wieder, dass Gott zu seinem Volk spricht. Aber er tut das eben oft auf indirekte und vermittelte Weise. Gott tritt nie selbst auf, sondern im Namen Gottes ermächtigt verkünden Menschen sein Wort. So zum Beispiel die Propheten: Im Laufe der Adventszeit haben wir besonders die Texte des Propheten Jesaja gehört. Darin taucht manchmal auch die Wendung »Spruch Gottes, des Herrn« auf. Das zeigt, dass Jesaja nicht seine eigene Meinung verkündet oder seine selbsterdachte Ideologie weitergibt. Jesaja steht im Dienst eines anderen. Die Worte, die er spricht, sind Worte eines anderen, die er nur in seinem Auftrag an die Menschen weitersagt. »Vielfältig und auf vielerlei Weise hat Gott einst zu den Vätern gesprochen durch die Propheten«, heißt es deswegen auch am Anfang des Hebräerbriefs. Die Propheten waren das Sprachrohr Gottes. Sie haben sein Wort in diese Welt gebracht und seine Botschaft kundgetan.

An Weihnachten hat das Sprechen Gottes eine neue Dimension erreicht: »Am Ende dieser Tage hat er zu uns gesprochen durch den Sohn« (Hebr 1,2). Jetzt also ist die Zeit gekommen, in der Gott selbst zu uns spricht. Indem er seinen Sohn in die Welt sendet, wird die Botschaft Gottes menschlicher. Denn Gott selbst wird Mensch, um uns mitzuteilen, was er uns zu sagen hat. Gott spricht zu uns durch den Sohn: Die Verheißungen, die einst an das Volk Israel ergangen sind, besitzen bleibende Gültigkeit. Sie sind nicht weniger wert. Aber dennoch macht der Autor des Hebräerbriefes deutlich, dass mit der Person des Sohnes eine neue Zeit angebrochen ist. Eine Zeit, in der der Verkünder der Botschaft zugleich göttlicher, aber auch menschlicher ist. Er ist göttlicher, weil er der Sohn ist, Abbild des Wesens des Vaters. Er ist aber auch menschlicher, weil er wirklich Mensch geworden ist und als Sohn unter uns Menschen lebt und seine Botschaft verkündet. Ein Mensch, der unsere menschlichen Wege mitgeht, bis hinein in die Dunkelheit des Todes. Wenn Gott zu uns Menschen durch den Sohn spricht, dann wendet er sich uns zu, wie er es noch nie zuvor getan hat. Dann erweist er uns seine Liebe und eröffnet uns eine neue Zukunft in ihm.

Der Text aus dem Hebräerbrief ist wenig weihnachtlich. Er spricht nicht vom Stall und von Hirten, nicht vom Stern und nicht einmal von der Krippe. Selbst das Kind findet keine Erwähnung. Und doch fasst die Lesung das Geheimnis von Weihnachten in knappen Sätzen prägnant zusammen. Alles, was wir in diesen Tagen feiern, finden wir hier gebündelt: dass Gottes Menschwerdung nämlich keine Marginalie ist. Dass die weihnachtliche Botschaft eigentlich eine ist, die bei Gott ansetzt. Denn er ist es, der sich uns im Sohn selbst mitteilt. Er ist es, der auf menschlichere und göttlichere Weise zu uns sprechen will. Im Kind in der Krippe finden wir den Gott, der uns sein Wort schenkt und der sich für uns zur Mitte der Weltzeit gemacht hat. Das neugeborene Kind von Betlehem ist nicht irgendein Mensch. Es ist der Sohn des ewigen Vaters, der zum Erben des Alls eingesetzt wurde, durch den Gott die Welt erschaffen hat, der Abglanz seiner Herrlichkeit und Abbild seines Wesens ist (Hebr 1,2f.). Es ist der Gott, der sich uns mitteilt, der zu uns spricht, damit wir das Leben finden in ihm.

In der Weihnachtszeit:

9. Verbindung: Sonntag der Weihnachtsoktav – Fest der Heiligen Familie

(Mt 2,13–15.19–23)

Es gibt eine bildliche Darstellung der Heiligen Familie, da steht Josef mit einer Säge an der Hobelbank und arbeitet, Maria sitzt daneben und spinnt Wolle. Zwischen den beiden der kleine Jesus und hält einen Bohrer in der Hand. Josef erhebt mahnend den Zeigefinger, als wolle er seinen Ziehsohn in die Geheimnisse der Zimmermannskunst einweihen. Das Bild stammt vermutlich aus einer Zeit, in der es en vogue war, alles schön romantisch und vielleicht auch ein bisschen kitschig darzustellen. Zwar wird in Nazareth, in einer dem heiligen Josef geweihten Kirche, noch heute seine Werkstatt gezeigt, doch ist das eher eine aus dem Felsen geschlagene, kleine Höhle als das, was wir uns heute unter einer Schreinerwerkstatt vorstellen. Vielleicht ist es gar nicht so abwegig, dass Jesus den Zimmermannsberuf von seinem Ziehvater erlernt hat. Doch hat sich das alles wohl etwas anders abgespielt, als es diese romantische Darstellung vorgibt.

Wenn wir heute über Familie nachdenken, dann kommen uns wahrscheinlich ganz andere Bilder in den Sinn. Denn aus eigener Erfahrung weiß jeder selbst, dass es diese künstliche Romantik im Familienleben allzu oft nicht gibt. Da wird gestritten und gerauft, da zerbrechen Ehen und um das Sorgerecht für die Kinder wird vor Gericht gekämpft. Und selbst in den intakten Familien geht es nicht immer himmelhochjauchzend zu. Das ist aber doch auch ganz normal. Denn um den Familienfrieden zu wahren, ist es manchmal sogar ganz gut, wenn manche Dinge offen heraus gesagt werden. Natürlich sollte es dabei nicht verletzend zugehen, aber auch das kann man eben nicht vermeiden. Familienleben ist menschlich und gelegentlich gibt es da auch allzu menschliche Reaktionen. Man muss nicht immer streiten, bis die Fetzen fliegen. Da ist die Familie vielleicht auch ein Lernfeld, wie man richtig und gut mit dem anderen umgeht, ohne ihn zu verprellen. Wie man ihm auch einmal die Meinung sagen kann, ohne ihn sofort zu beleidigen. Alles das muss es geben und es gehört doch irgendwie zum normalen Familienalltag dazu.

In der Heiligen Familie ist es nicht anders zugegangen. Das heutige Evangelium präsentiert uns mit der Flucht nach Ägypten ein Paradebeispiel. Hier war nichts romantisch. Josef, Maria und das Kind mussten sich mit der harten Realität auseinandersetzen. Sie mussten schauen, wie sie mit dieser komplizierten Situation zurechtkommen. Kaum war das Kind geboren, wurde es schon verfolgt. Und die Eltern versuchen, einen Ausweg aus dieser brenzligen Situation zu finden. Sie treten die Flucht an, möglichst weit weg von Herodes und seinen Soldaten. Und so berichtet uns Matthäus eine zutiefst traurige Episode aus dem Leben der Heiligen Familie. Die Flucht ist bedrückend und bedrängend, sie stellt so vieles infrage. Erneut müssen Maria und Josef als Fremde in einem unbekannten Land leben. Es geht nicht zurück in die alte Heimat, nach Nazareth, dorthin, wo ihr bisheriger Lebensmittelpunkt war. Die junge Familie sieht sich Gefahren ausgesetzt, denen sie nur durch die Flucht aus dem Land entrinnen kann. Diese aber legt eine traurige Realität an den Tag: ein Leben ohne Dach über dem Kopf, ein Leben in der Fremde, ein Leben ohne gesicherten Unterhalt und ohne festes Einkommen.

Die Heilige Familie hat eigentlich so viel mit unseren Familien gemeinsam. Und das ist auch gut so. Denn was wäre das für eine Frohbotschaft, die unser Leben mit all seinen Einschränkungen und Problemen nicht ernst nimmt? Was würde die Menschwerdung Gottes für uns bedeuten, wenn sie sich in einer perfekten und makellosen Umgebung ereignet hätte? So aber wissen wir: Gott ist Mensch geworden in einer Familie, die mit Schwierigkeiten und Herausforderungen zu kämpfen hat, so wie das auch heute noch in zahlreichen Familien der Fall ist. Gott ist Mensch geworden in einer Familie, die ihre Heimat zurücklassen und sich auf die Flucht begeben muss, so wie wir das gerade heute wieder zig tausendfach erleben. Das schenkt uns Hoffnung und Zuversicht. Weil Gott unser Leben nicht scheut, sondern es durch seine Menschwerdung heiligt, gibt es für uns neue Perspektiven. Weihnachten ist nicht die Feier einer fehlerlosen und vollendeten Wirklichkeit. Weihnachten ist die Zusage Gottes an uns, sein Ja zum Menschen in allen Bedingungen seines Lebens. Weihnachten ist das Fest, das die Verbindung zwischen unserer menschlichen und seiner göttlichen Existenz schafft.

10. Namensgebung: Neujahr – Hochfest der Gottesmutter Maria
(Lk 2,16–21)

»Nomen est omen«, sagt ein altes lateinisches Sprichwort, das auf Deutsch ungefähr so viel bedeutet wie »Namen sind Zeichen«. Damit ist etwas ganz Einfaches gemeint: Nämlich, dass Namen nicht nur eine beliebige Bezeichnung für eine Sache sind, sondern dass der Name auch ein Ausdruck für das Wesen oder den Charakter eines Menschen sein kann. Manchmal lässt der Name tiefer blicken, als es zunächst erscheint. Und dann werden manche Verbindungslinien deutlich, die nicht immer gewollt und aber nicht selten dennoch sehr zutreffend sind. Der Name ist eben doch oft auch Programm.

Am ersten Tag des neuen Jahres feiern wir nicht nur das Hochfest der Gottesmutter, sondern gedenken auch der Namensgebung des Herrn. Dieser Aspekt kommt manchmal etwas zu kurz. Doch das heutige Evangelium sagt es ganz ausdrücklich: »Als acht Tage vorüber waren und das Kind beschnitten werden sollte, gab man ihm den Namen Jesus« (Lk 2,21). Dieser achte Tag ist heute und bildet damit auch den Abschluss der Weihnachtsoktav. Gemäß den Vorschriften der Tora muss ein neugeborenes Kind am achten Tag nach der Geburt beschnitten werden. Und mit dem Ritus der Beschneidung ist eben auch die Namensgebung verbunden. Nun hat das Kind einen Namen. Vielmehr noch ist es nun hineingenommen in den Bund, den Gott mit Abraham geschlossen hat. Es ist ein Teil des großen Gottesvolkes geworden.

Den aramäischen Namen »Jesus« kann man mit »Gott rettet« übersetzen. Aber um genau zu sein, bekommt Jesus noch einen anderen Namen: Immanuel, »Gott ist mit uns«. Das nämlich ist der Name, den der Engel dem Josef im Traum verkündet. Und für beide Namen gilt: Der Name ist Programm. Jesus, Gott rettet: Das wird im ganzen Leben des Jesus von Nazareth offenbar. Gott rettet die Menschen aus ihrer Not und Traurigkeit, er befreit sie von ihren Sünden und schenkt ihnen neue Hoffnung. In all dem Elend, in dem so viele Menschen leben, tritt Jesus auf und verkündet seine Frohe Botschaft vom nahe gekommenen Gottesreich. Jesus trägt nicht nur diesen Namen, sondern er macht ihm auch alle Ehre, in dem er jedem Menschen die Würde zuspricht, die ihm auch zukommt. Sein Name ist nicht nur ein Zufall, er ist ein sichtbares Zeichen. In Jesus begegnet uns auch der Immanuel, der Gott, der unsere Weg mitgeht, der mit uns ist, auch in tiefster Einsamkeit. Gott kennt das menschliche Leben nur zu gut: In Jesus ist er selbst in diese Welt gekommen und Mensch geworden. Er hat das ganze menschliche Leben erfahren, vom ersten Atemzug bis zum bitteren Tod am Kreuz. So hat er gezeigt, dass er uns Menschen niemals alleine lässt. So groß die Not auch sein mag – Gott ist mit uns. Jesus von Nazareth ist der Immanuel, der Gott, der mit uns ist in Freude und Leid. Jesus macht das deutlich, wenn er gerade die Menschen vom Rand der Gesellschaft an seinen Tisch holt und diejenigen heilt, die in den Augen mancher gar nichts mehr wert sind. Jesus kennt keine Grenzen, die zwischen Menschen gezogen werden und bei denen manche außen vor bleiben. Jesus will alle retten. Jesus will allen nahe sein.

Wenn das Kind heute, am achten Tag nach seiner Geburt, seinen Namen erhält, dann ist das nicht nur ein formeller Akt.

Es macht vielmehr noch einmal ausdrücklich deutlich, was wir im Glauben bekennen: dass in Jesus wirklich Gott Mensch geworden ist. Und es zeigt ganz offensichtlich, dass Gott es ernst mit uns Menschen meint, dass er uns nicht im Stich lässt. Er will, dass wir leben und dass es uns gut geht. Uns ist nicht nur Rettung von ihm verheißen, in Jesus ist sie uns auch zuteilgeworden. Gott rettet, indem er seinen Sohn in diese Welt schickt, um alle Menschen zu Kindern Gottes zu machen. Gott ist mit uns, weil er selbst in diese Welt kommt und unsere menschlichen Wege mitgeht. Das ist das Geheimnis von Weihnachten, das wir in diesen Tagen wieder feiern dürfen. Wir sind nicht verloren, sondern in Jesus Christus, im Kind in der Krippe, steht uns der Zugang zum Leben offen. Gott wird Mensch, um uns seine Barmherzigkeit zu zeigen, ja mehr noch, um sie uns am eigenen Leib spüren zu lassen. Mit der Person des Jesus von Nazareth sind das nicht nur leere Floskeln und fromme Sprüche. Sie haben Hand und Fuß bekommen. Jesus geht auf die Menschen zu, legt ihnen die Hände auf, heilt sie von ihren Krankheiten. Er spricht nicht nur davon, dass man den anderen nicht ausschließen darf, er ruft alle Menschen an seinen Tisch und hält mit ihnen Mahl. Wir Menschen liegen Gott am Herzen. In Jesus kommt das unverblümt zum Ausdruck. Gott hat seinen Bund mit uns geschlossen und erweist uns immer neu seine Huld, heute und alle Tage des neuen Jahres.

11. Verwurzelung: Zweiter Sonntag nach Weihnachten

(Eph 1,3–6.15–18; Joh 1,1–18)

Weihnachten ist ein Familienfest. Dieser Aussage können sicher ganz viele Menschen zustimmen. Denn zu Weihnachten gehört doch das Zusammensein mit den Verwandten eigentlich untrennbar dazu. An Weihnachten kommen die Kinder nach Hause, auch wenn sie schon längst irgendwo anders wohnen und auf eigenen Beinen stehen. An Weihnachten lässt man die »gute, alte Zeit« wieder aufleben, die Familie sitzt wie früher unter dem Baum zusammen, vielleicht schon um ein Familienmitglied erweitert. Weihnachten ist ein Familienfest: Umso schmerzlicher empfinden manche die Weihnachtstage, wenn ein Familienmitglied nicht mehr da sein kann. Wenn plötzlich ein Teil der Familie fehlt. Dann spürt man wieder einmal neu, wie sehr Weihnachten und die eigene Familie verbunden sind und wie sehr man doch an dieser lieb gewonnenen Tradition hängt, gemeinsam das Weihnachtsfest zu feiern.

Weihnachten ist ein Familienfest: Das können wir eigentlich überhaupt nicht leugnen. Denn in den Weihnachtskrippen steht die Familie im Mittelpunkt des Geschehens und bildet eigentlich erst den Grund, warum wir überhaupt Weihnachten feiern. Wir freuen uns über die Geburt eines Kindes. Wir hören von Maria, der Mutter, die sich liebevoll um ihr Neugeborenes kümmert, und von Josef, dem Ziehvater, der voll Sorge um Mutter und Kind ist. Weil es diese Familie gibt, gibt es Weihnachten.

Weihnachten ist aber auch ein Fest, das die Grenzen der eigenen Familie sprengt und den Blick auf die anderen Menschen hin weitet. Weihnachten ist auch für uns als christliche Gemeinschaft ein Familienfest. Der Johannesprolog, den wir eben zum zweiten Mal in dieser Weihnachtszeit gehört haben, sagt das ganz deutlich: »Allen aber, die ihn aufnahmen, gab er Macht, Kinder Gottes zu werden, allen, die an seinen Namen glauben« (Joh 1,12). Damit ist eine andere, eine neue Familienbeziehung freigelegt: Jeder, der sich zu Jesus bekennt und ihn aufnimmt, ist Kind Gottes, des Vaters. Und dadurch werden wir untereinander zu Schwestern und Brüdern. Weihnachten betont eben auch unsere Verbindung mit Gott und weist somit auf den Ursprung und das Ziel unseres Lebens hin. Denn er ist unser Vater und wir sind seine Kinder. Weil er in Jesus Christus für uns Mensch geworden ist, haben wir die Kindschaft erlangt. Wir sind nicht mehr Sklaven oder Knechte, sondern Söhne und Töchter. In Jesus Christus hat Gott uns erwählt, seine Kinder zu werden. Paulus schreibt das der Gemeinde von Ephesus, um sie daran zu erinnern, wo ihre Wurzeln liegen, wo sie herkommen und wohin sie gehen. Denn Gemeinschaft gibt es nicht nur untereinander, innerhalb einer Gemeinde. Gemeinschaft haben wir durch Jesus Christus auch mit Gott. Mit ihm sind wir verbunden und in ihm dürfen wir das Leben haben. Weil er unser Vater ist, sorgt er sich um seine Kinder und tritt dafür ein, dass es ihnen gut geht. Gemeinschaft mit Gott ist Lebens- und Liebesgemeinschaft. Aber sie weist auch über sich hinaus: Was wir von unserem Vater empfangen, das müssen wir weitergeben. Das muss auch der Grund unserer menschlichen Gemeinschaft sein.

Weihnachten ist ein Familienfest: Es ist das Fest, das uns zu Kindern Gottes macht und auf den verweist, der unser Vater in

Ewigkeit ist. Es ist das Fest, das zeigt, dass wir in Gott unseren Ursprung haben, dass wir in ihm verwurzelt sind und es auch bleiben. Weil er für uns Mensch geworden ist, dürfen wir seine Kinder werden. Aber Weihnachten ist auch das Fest unserer menschlichen Gemeinschaft, denn in Jesus Christus sind wir einander Schwestern und Brüder. Diese Gemeinschaft muss geprägt sein von dem, was von der Wurzel ausstrahlt. Wenn der Vater nur Liebe ist, dann müssen auch wir einander lieben. Wenn der Vater uns ausnahmslos annimmt, dann müssen auch wir unsere Sorgen und Nöte gegenseitig tragen und aushalten. Weihnachten ist ein Fest, das dem Egoismus und der Selbstsucht den Kampf ansagt. Es kann nicht mehr heißen: Ich komme zuerst und die anderen müssen schauen, wo sie bleiben. Sondern die anderen stehen an erster Stelle, ihr Wohl ist mir wichtiger als meine eigenen Sorgen. Wenn wir lernen, achtsam miteinander umzugehen und den Nächsten immer mehr lieben, als wir uns selber lieben, dann machen wir die weihnachtliche Botschaft in unserem Alltag lebendig. Dann ist Weihnachten wirklich ein Familienfest, dann dürfen wir ihn feiern, der für uns Mensch geworden ist: unseren Vater, der uns seine grenzenlose Liebe schenkt und uns als seine Söhne und Töchter gerufen hat.

12. Verheißung, Erscheinung, Huldigung: Erscheinung des Herrn

(Jes 60,1–6; Mt 2,1–12)

»Drei Wunder heiligen diesen Tag: Heute führte der Stern die Weisen zum Kind in der Krippe. Heute wurde Wasser zu Wein bei der Hochzeit. Heute wurde Christus im Jordan getauft, uns zum Heil.« So lautet eine Antiphon aus dem Stundengebet der Kirche zum heutigen Festtag. Sie fasst das zusammen, was wir heute gemeinsam feiern: das Fest der Erscheinung des Herrn. Im Volksmund heißt der Tag auch »Dreikönig« und hat seinen Namen dadurch erhalten, dass wir heute im Evangelium von der Anbetung der Weisen aus dem Osten hören. Die anderen beiden Festgeheimnisse sind auf andere Tage gewandert. Der Taufe Jesu im Jordan gedenken wir am kommenden Sonntag. Und das Evangelium von der Hochzeit zu Kana hören wir alle drei Jahre am zweiten Sonntag im Jahreskreis. Doch das Fest der Erscheinung des Herrn umfasst eigentlich diese drei Festgeheimnisse. Heute feiern wir mehr als nur die Huldigung der Sterndeuter.

Erscheinung des Herrn: Das bedeutet, dass Gottes Herrlichkeit mitten unter uns Menschen sichtbar geworden ist. Gott selbst ist in diese Welt gekommen. Das Wort wurde Fleisch. Gerade die Anbetung der Sterndeuter, die Taufe am Jordan und die Hochzeit zu Kana machen deutlich, dass Jesus nicht nur ein einfacher Mensch ist. Wenn Männer aus einem fernen Land sich aufmachen, hinter einem Stern herziehen, vor einem Kind auf die Knie fallen und ihm kostbare Gaben darbringen, zeigt das:

Hier ist ein neuer Herrscher geboren, der Herrscher über Himmel und Erde, über Zeit und Ewigkeit. Wenn die Stimme des Vaters vom Himmel herabruft und Jesus als seinen eingeborenen Sohn bekennt, dann ist das ein deutlicher Hinweis auf seine Göttlichkeit. Und ebenso bei der Hochzeit zu Kana: wenn Jesus Wasser in Wein verwandelt, und zwar in einer Menge, dass bereits in dieser Welt etwas vom Überfluss des Gottesreiches spürbar wird. Dann scheint Gottes Herrlichkeit bereits in dieser Welt, mitten unter uns auf. Dann wird ganz offensichtlich, wer dieser Jesus wirklich ist: Gottes eingeborener Sohn, der für uns und zu unserem Heil in diese Welt gekommen ist.

Jesaja spricht davon, dass ein Licht über Jerusalem aufgehen wird. Er verheißt der Stadt, dass die Herrlichkeit des Herrn über ihr leuchtend erscheint und alle Völker der Erde nach Jerusalem kommen und zu diesem Licht hin wandern. Die Worte des Jesaja sind in die Zukunft hinein gesprochen. Es sind prophetische Worte, die Verheißung einer künftigen Zeit. Doch diese Zeit ist Wirklichkeit geworden. Die Herrlichkeit Gottes, des Herrn, ist uns in Jesus Christus erschienen. An Weihnachten ist uns das Licht aufgestrahlt, das alle Finsternis der Erde erhellt und alles Dunkel vertreibt. Stellvertretend für alle Völker wandern die Sterndeuter aus dem Osten nach Judäa, um dem neugeborenen König zu huldigen. Der Strahl seines Lichtes hat ihre Neugier geweckt. Und nun stehen sie an der Krippe und schauen den, der machtvoll in die Geschichte seines Volkes eingegriffen hat. Die Herrlichkeit Gottes steht ihnen unmittelbar vor Augen. Sie kommen mit ihren Gaben, um dem Herrn zu huldigen. Die Verheißung des Jesaja hat sich erfüllt: Gott ist der Welt erschienen als das Licht in der Finsternis. Und die Völker haben sich aufgemacht um ihm, dem neugeborenen König, zu huldigen.

»Drei Wunder heiligen diesen Tag«: Wenn wir heute das Fest der Erscheinung des Herrn feiern, dann wird unser Blick größer. Wir dürfen weg von der Krippe bereits auf das ganze Leben Jesu schauen. An ihm können wir sehen, wie sehr Gott die Menschen liebt, wie seine Herrlichkeit immer wieder aufstrahlt, damit die Menschen zum Glauben finden und zum Leben in Fülle gelangen. Das Fest Erscheinung des Herrn rundet das Weihnachtsfest nicht ab, sondern weitet den Horizont und zeigt, dass das Geheimnis von Weihnachten kein Ende kennt. Es setzt sich fort. Überall dort, wo wir Gottes Herrlichkeit in dieser Welt erkennen. Überall dort, wo wir Gott in diesem Leben durch Taten der Liebe verherrlichen und sein Licht in dieser dunklen Welt aufstrahlen lassen.

Quellen

Erich Fried, Weihnachtslied, aus: Ders., Gesammelte Werke.
Herausgegeben von Volker Konkoreit und Klaus Wagenbach

Die Bibeltexte sind entnommen aus:
Einheitsübersetzung der Heiligen Schrift,
vollständig durchgesehene und überarbeitete Ausgabe

Downloads für die Vorbereitung:

I. Lesetexte
II. Besinnungstag im Advent: Adventliche Gestalten
III. Predigten für die Advents- und Weihnachtszeit

Sie finden diese Texte unter: www.herder.de/extras

Geben Sie dort die ISBN 978-3-451-37888-1 und
Ihre E-Mail-Adresse ein.

Wenn Sie Fragen haben, wenden Sie sich an:
kundenservice@herder.de

Zu den Downloads gelangen Sie auch über den QR-Code:

Geben Sie dort die ISBN 978-3-451-37888-1 und
Ihre E-Mail-Adresse ein.

Wenn Sie Fragen haben, wenden Sie sich an:
kundenservice@herder.de